ちくま新書

徹底検証 神社本庁
——その起源から内紛、保守運動まで

藤生明
Fujiu Akira

1361

徹底検証　神社本庁——その起源から内紛、保守運動まで【目次】

プロローグ――富岡八幡宮惨殺事件　009

プロローグ——富岡八幡宮惨殺事件

祖父・富岡盛彦《もりひこ》（一八九二—一九七四）は一族の誇りだったと聞いた。

二〇一七年末、東京・富岡八幡宮で起きた宮司殺害事件。弟が姉の宮司、富岡長子《ながこ》（享年五八）を日本刀で斬り殺すという凶行は、祖父の銅像がたつ境内の一角で起きた。

実行犯で、長子の弟にあたる元宮司、富岡茂永（享年五六）は妻真里子（同四九）を伴い、二〇一七年一二月七日午後七時半ごろ、神社敷地内にある富岡長子宅の駐車場に到着。袋に入れた日本刀を持って待機し、地元警察との会合に出席していた姉が車で帰宅した午後八時二五分ごろ、二人は物陰から飛び出している。茂永が姉を襲い、妻の真里子が運転手の男性（三三）を約一〇〇メートル追いかけ、切りつける姿が防犯カメラに映っていた。

警視庁は、茂永が姉である宮司を襲った後、妻も殺害し、自殺を図ったとみている。

神職関係者らによると、富岡茂永は一九九五年から二〇〇一年まで富岡八幡宮の宮司を務めた。「宮司降板」は四〇歳のとき。女性問題、金銭トラブルなどが理由だった。それから一六年後の凶行。襲撃事件前まで周囲に対し、姉が宮司に収まっていることに不満を漏らしていた。

富岡茂永は、神社関係者やマスコミにあてた「遺書」で祖父についてふれ、自分がいかに努力したかを、こう記していた。

「私の祖父富岡盛彦は神社本庁の事務総長まで務めた人間でした」「私はいつか神社庁の庁長になって、富岡八幡宮と富岡家の栄光を取り戻そうと死に物狂いでした」

父と姉が自分を宮司から引きずり下ろしたと恨み、その念に発した父姉への当てつけでもあっただろう。それを差し引いても、祖父への尊敬の念はかなりのものだったようだ。富岡茂永の宮司時代の経歴や言動を調べるなかで、偉大な祖父を意識しながら、背中を追うように活動していた様子が浮かび上がってきた。

✝神社界の先兵

四〇歳以下の神職でつくる「東京都神道青年会」(都神青)という団体がある。戦後の混乱期の一九四九年、「民族精神の基盤たる神社振興の本義に徹して、国家再興のため強力なる運動を展開せん」という志のもとに結成。当初は「東京都神道青年協議会」といい、五六年、現在の名称に改められた。

宗教法人東京都神社庁（一三九八社）への協力、神職の研修・交流を主たる活動内容とし、現在、約四五〇人の会員を擁しているという。富岡茂永も若い頃、この組織に参加していた。繁栄するさまを表す「やくわえ」をタイトルとする会報（一九七〇年創刊）のバックナンバーをさかのぼっていくと、茂永が役員として初めて登場するのは一九九三年度の執行部人事で、関係諸団体との連携などを担う渉外部長に就いている。

先輩神職が書いたと思われる茂永の紹介文にはこうあった。

「以前は若手を引き連れ夜の帝王として会員の懇親に君臨。しかし、最近の落ち着きぶりは少し残念。いろいろな組織で重要な役職をこなしてきた経験を生かし、当会発展のためますますの活躍を期待する」

茂永の奔放な一面が垣間見える人物評だが、その期の渉外部は上部団体「神道青年全国協議会」（神青協）の創立四十五周年記念事業実行委員会事務局を兼ねており、富岡茂永は事務局長として、明治記念館に高円宮憲仁《のりひと》さまご夫妻を迎えた式典を無事に取り仕切ってみせた。一九九五年度には神青協理事も経験し、神社界でのキャリアを積んでいった。

神青協で任期二年をまっとうし、九七年度に都神青にもどると副会長に就任。挨拶にも自然と力が入り、「今期会長は事業計画の中で、特に夫婦別姓問題、歴史教科書問題をはじめ、時局対策に積極的に取り組みたいと述べている。我々青年神職は斯界の先兵として、神社界の行動部隊として、積極的に行動することが求められている」と、意気込みを語っている。

この時期の日本社会は、自民党一党支配が崩壊、国会・選挙の双方でキャスティングボートを握る公明党・創価学会が存在感を増し、宗教界や改憲勢力のあいだで「保守再結集」が叫ばれた時期にあたる。

「日本を守る会」「日本を守る国民会議」が統合し、憲法改正を推進する国民運動団体「日本会議」が発足したのも一九九七年。さらに、「自由主義史観研究会」の藤岡信勝や、評論家の西尾幹二らが「新しい歴史教科書をつくる会」を結成し、東京裁判史観の払拭に動き出すなど、右側からの「異議申し立て」が激増した時期でもあった。

†日本会議との共闘

富岡茂永も日本会議と積極的に共闘した一人だ。日本会議は前身の「日本を守る国民会議」時代から、全国の戦争資料館・平和祈念館の「偏向展示見直し」運動に取り組んできたが、茂永もこの活動に参加していた（この活動の詳細については拙著『ドキュメント日本会議』冒頭を参照）。被爆地長崎の「長崎原爆資料館」がオープンした一九九六年、同館の

「日中戦争と太平洋戦争」コーナーに、「原爆投下とは無関係の南京事件や七三一部隊に関する記載などがある」として火がついた、右派団体による抗議運動だ。「日本を守る国民会議」は長崎県神社庁に事務所をおき、「長崎の原爆展示をただす市民の会」（一九九六年結成）と一体となって運動を展開。長崎での取り組みが、「日本を守る国民会議」やその実務を担う「日本青年協議会」の機関誌で紹介されると、全国に飛び火していった。大阪国際平和センター（ピースおおさか、大阪市）や、堺市立平和と人権資料館などで大幅な展示内容の見直しが迫られ、東京でそのターゲットとなったのが、構想段階の東京都平和祈念館（仮称）だった。

富岡茂永はその事業化を阻止するため、署名活動や都議会対策に奔走している。この時期、日本会議江東支部を立ち上げてもいる。得意の絶頂にいたはずだ。

「実業家的風貌らしく、その人脈の多さには定評がある。今日も携帯電話を片手に全国を駆け巡る」。都神青の会報を読み込んでいくと、富岡茂永についてのそんな人物評が他にも見つかった。行動力が評価されたのか、茂永は三八歳で、とうとう都神青会長に登りつめる。

一九九九年四月一二日、東京都神社庁で都神青の定時総会が開かれた。会長就任のあいさつをし、そこでも自らの国家観・歴史観を披瀝、憂国を語っている。

「多くの日本国民は気概を失い、内憂外患の現状を顧みようともせず、泡沫の平和や繁栄に甘んじ、国体や伝統文化をないがしろにしようとする勢力に洗脳され、わが国は国家の体を失いつつある。我々青年神職はこのような風潮を容認しつつある社会に警鐘をならし、敬神尊皇の精神と、日本の美風を取り戻すためにさらなる活動を展開しなければならない」

先述の「平和祈念館」問題にもふれている。

「自虐史観にもとづく偏向展示を計画していることや、偏った思想の委員らによって進められている点、さらに、東京大空襲が日本の侵略や、東京に軍事施設があったことの報いだとする空襲容認論にたっていることなどを問題視してきた」「日本会議や住民らと協力、都の計画見直しに至らしめた。偏向した思想の勢力の活動を封じ込めることに成功した例であり、青年会の活動に希望の光を与えるものだ」

†時代の寵児からの転落

タカ派的な発言の数々。それがどこか上滑りして聞こえるのは、事件取材を通じ、憂国の神道家のイメージからはかけ離れた富岡茂永の生活ぶり、金満ぶりを同僚たちの口から聞いてしまったからだろうか。

高級外車で神社本庁に乗りつけ、後輩らを引き連れ銀座の高級店をハシゴする。自らが会長として催した都神青の五〇周年記念大会（一九九九年）でも羽振りがよかった。招待客が二五〇人を超す盛況が予想されたことから、表参道の顔だった青山ダイヤモンドホールに会場を急遽変更。会報『やくわえ』には、「（祝賀会では）全員着席のフランス料理フルコースというかつてない豪華なメニュー――」とあり、歌手岩崎宏美がヒット曲「ロマンス」など三曲を披露したと記されている。

富岡八幡宮は言わずと知れた江戸三大祭「深川八幡祭り」の有名神社である。八幡大神《はちまんおおかみ》（応神天皇）を祭神とし、江戸初期、別当寺《べっとう》（神社を管理する寺院）の永代寺と同じ頃に創建された。明治維新期の神仏分離で永代寺が廃止されて以降は、隣接する深川不動尊（成田山新勝寺東京別院）と共存しながら、門前町の隆盛を維持してきた。

とりわけ富岡茂永が宮司となった一九九〇年代半ばには、氏子エリアである湾岸部で急ピッチの開発が進み、高層ビルや商業施設の地鎮祭、起工式の依頼が次々に神社に舞い込んだという。その臨海部をめぐっては港区側の神社との間で氏子の奪いあいまで起きた。神職仲間の目には、茂永はそんな時代の寵児そのものに映った。

そのころ、人生は暗転する。複数の神社関係者によると、都神青会長として参加した神青協の韓国視察旅行後、神青協幹部らを中傷する怪文書が出回り、問題になった。その「犯人」として疑われたのが富岡茂永だった。ことの真相はもちろん分からない。ただ、彼は神社界で窮地に立たされることになった。同じ頃、金銭トラブルなどを理由に父親から叱責され、二〇〇一年、富岡八幡宮の宮司を解かれてしまう。「神社庁長になって富岡家を再興したい」という願いは、客観的にみればこのとき潰《つい》えた。

二〇〇六年には、姉を脅す内容のはがき二通を送りつけたとして脅迫容疑で逮捕、起訴され、罰金刑が確定。一七年末の斬殺事件へと転落していった。宮司復帰への茂永の執念はすさまじく、宮司代務者となった姉への嫌がらせは実に二〇年近くに及んだ。その間、指導権限のある神社本庁は歯止めになれなかったのだろうか。

富岡八幡宮は二〇一七年九月、最終的な人事権をもつ神社本庁が約七年にわたって、富岡長子の宮司昇格を認めないことを不服として神社本庁を離脱、わが道を行くことになった。その直後に、宮司復帰の道が絶たれた茂永による惨殺事件が起きた。

「つい最近まで傘下の神社。離脱したからわれわれ神社本庁とは無関係とは無責任極まりない」。そう嘆くのは、富岡茂永から「遺書」が届いた神社関係者だ。

†戦後保守運動のリーダー的存在

神社本庁とは何か――。

本庁という役所っぽい名前から誤解されることもあるが、神社本庁はれっきとした宗教法人、つまり民間の組織である。

宗教法人は、宗教法人法の規定によって、包括宗教法人と被包括宗教法人に分けられる。前者は、寺社などを束ねる宗派・教団のことで、後者は、そこに加わる寺院や神社などを指す。包括法人に加わらない寺院や神社は、単立宗教法人と呼ぶ。

神社界で言えば、包括法人が神社本庁で、被包括法人は、全国に約八万あるといわれる神社となる。単立宗教法人には伏見稲荷大社、靖国神社、日光東照宮、富岡八幡宮などが名を連ねる。これらは、神社本庁に参加しない独立の神社として運営されている。

本書では、神社の大半を包括する神社本庁が検証の対象となるわけだが、その活動史をみても、戦後保守運動の中で、ひときわ大きな役割を果たしてきた。

思いつくまま挙げれば、伊勢神宮と皇位は不可分だと政府に認めさせた神宮真姿顕現運動や、建国記念の日制定、靖国神社国家護持・公式参拝運動、政教分離をめぐる訴訟の神社・自治体側支援、元号法制化、教育・教科書正常化、皇位継承儀礼執行、終戦五〇年決議反対、国旗国歌法制化、昭和の日制定、女系天皇反対、教育基本法改正、夫婦別姓反対、ジェンダーフリー教育反対、国立追悼施設反対……。

靖国神社国家護持のように、思い通りにいかなかった運動もあれば、夫婦別姓反対運動のように、二〇年にわたる反対運動の果てに最高裁判例を引き出した成功例もある。いずれにせよ、これら数多の取り組みをみても、神社本庁が戦後保守の中で果たしてきた役割は一目瞭然である。そうした運動の中心にあり、全国約八万の神社を束ねる神社本庁、その中枢では今、何が起きているのか、いったい何を目指しているのか、その成り立ちも含めて、これから明らかにしていく。

*

神社本庁は一九四六年、今は国学院大学渋谷キャンパスの一角になっている旧全国神職会館で、国家から分離された神社の大半を束ねる形で発足した。昭和末期に、明治神宮北参道脇に移転。職員は現在約六〇人。全国の神社を指導・支援する業務にあたるため、総裁（皇族出身者）を推戴、統理《とうり》（皇族・華族出身者ら）をおき、総長（旧事務総長）が事務全体を指揮する組織体制をとっている。最高意思決定機関として評議員会を設置し、毎年五月、一〇月に定例会を開き、予算や決算の審議をおこなっている。総長、評議員の任期は三年だ。

神社本庁とともに国民啓発運動に取り組んできたのが、近年話題の「日本会議」事務総局（＝日本協議会・日本青年協議会）である。神社本庁が時に頭となり、時に手足となり、緊密な連携を保ちながら、両者は保守運動を牽引してきた。

神社本庁と日本会議事務総局の人々は、いつ、どこで出会い、共闘するようになったのか。一部の政治家や官僚、財界人が、両者の運動に協力することも少なくない。一体それはなぜか。

神社本庁に照準を定め、その深層を明らかにすることは、日本の右傾化の現在を照らし出すことでもある。巨大宗教法人・神社本庁の解剖を試みたい。

※本書において表記は原則として新字体・現代仮名遣いとし、登場人物の敬称は略させていただいた。

第一章 富岡八幡宮と特高警察

舞台は再び、東京都江東区の富岡八幡宮境内へ戻る。

「氏子崇敬者の皆様へ」

二〇一八年一月二日、八幡宮をお参りすると、表参道入り口の社頭掲示板に、宮司代務者となった丸山聡一（同年六月に宮司就任）によるおわび文（二〇一七年一二月二五日付）が張り出されていた。

冒頭に「ことに神聖であるべき神社境内に所在する宮司職舎及隣接の所有地において、このような事件が起きましたことは神明に対してまことに申し訳なく恐懼に堪えない次第でございます」とあり、殺害された宮司の密葬が一二月一四日に営まれ、同日夕刻には職員が臨時大祓《おおはらえ》を執り行い、「一切の邪気と不浄を祓い清めました」と書かれてあった。

事件の記憶もまだ生々しい中、新年を迎えた富岡八幡宮。新しい年の招福を祈る初詣ゆえ、参拝を控える向きもあって、例年に比べ三が日の人出は三割減と報じられてもいた。

だが、さすがは有名神社だ。最寄りの地下鉄門前仲町駅から参道への商店街は大混雑。行列を避けて、大鳥居の前に立つ石柱わきへ移動すると、眼前に富岡八幡宮の文字。その側面に、思想家・安岡正篤《まさひろ》（一八九八―一九八三）の揮毫によることを示す「謹書」の文字が彫られている。そのほど近くに新日本協議会（新日協）江東支部が奉納した国旗掲揚ポールがあった。その台座部には「祖国を守ろう」とある。

歴代首相のご意見番として知られた安岡は別として、「新日協」「安倍源基」と聞いて即座に答えられる読者はかなり年配の方だろう。

†「自民党、財界、右翼の三位一体的機関」

新日協というのは、戦後、反共国民戦線を標榜した右翼の有力団体だ。創設者の一人である安倍源基《げんき》（一八九四―一九八九）は戦時中、「危険思想」を取り締まるために特高警察の情報網を全国的に整備し、特高の主と恐れられた。四三歳で警視総監に就き、終戦時の鈴木貫太郎内閣で内相を務めた。

亡くなったのは、元号が「平成」にかわった一九八九年。東京・青山葬儀所で一一月二日に催された葬儀では、元首相の福田赳夫が葬儀委員長を務め、友人代表に元衆院議長の灘尾弘吉《ひろきち》、旧日経連会長の大槻文平、三井不動産会長の江戸英雄、元民社党委員長の永末《ながすえ》英一、元参院議長・元警視総監の原文兵衛《ぶんべえ》、元警察大学校長で政治評論家の弘津《ひろつ》恭輔らが名を連ねた。

福田は弔辞で、安倍との出会いをこう話す。

「岸総理が『生れは長州で隣村同士、東大も一緒、終戦後は同じく巣鴨（プリズン）で三年間起居を共にした仲だ。その安倍君が安岡正篤氏及び木村篤太郎氏と相諮って、新日本協議会を作り、祖国再建のための一大国民運動を展開しようとしている。安倍君を訪ねてよく話し合ってくれ』とのことでした」(『安倍源基先生追悼集』一九九〇年)

追悼集には元検事総長の井本臺吉《だいきち》が、首相の靖国神社参拝を求める「英霊にこたえる会」会長の肩書で寄稿してもいる。井本は戦前、経済学者の大内兵衛らが検挙された思想弾圧「人民戦線事件」(一九三八年)や「ゾルゲ事件」(四一年)を手がけた思想検事としても知られる人物だ。

新日協が発足したのは一九五八年。福田の弔辞どおり、岸信介がそのお膳立てをしたといわれる。安倍源基のほか、安岡、三菱電機社長の高杉晋一、ヤクザ勢力による対左翼実力組織「反共抜刀隊」を構想し、初代防衛長官を務めた木村篤太郎、後に花園大学学長となる禅僧、大森曹玄らが参画した。

このほか、戦前の非合法共産党時代の指導者から反共の闘士に転向し、戦後の民社党・同盟勢力を育てた鍋山貞親や、保守合同に尽力したジャーナリストの御手洗辰雄らがその名を連ねていた。

綱領には、①本会は正しい愛国心と民族的自覚を基調とし歴史と伝統に即する民主主義新日本を建設するに努力する、②本会は祖国の独立自由をまもり、国民の生活ならびに道徳の進歩向上に努力する、③本会は国民の平和と自由を脅かす外国のあらゆる謀略および共産主義敗北主義の排除に努力する、④本会は自由世界と提携し世界の平和人類の幸福に寄与すべき日本の使命を究明遂行するに努力する、とある。

イデオローグに京都学派の哲学者、高山《こうやま》岩男をすえ、機関誌『世界と日本』などで民族的自覚を訴えた。ファシズム史研究の第一人者、木下半治は著書『右翼テロ』（法律文化社、一九六〇年）で、新日協とは「自民党、財界、右翼の三位一体的機関」だと述べている。

そんな新日協と富岡盛彦のつながりを、富岡八幡宮権宮司《ごんぐうじ》だった澤渡盛房が、日本青年協議会（日青協＝現・日本協議会）の機関誌『祖国と青年』（一九八五年八月号）で語っている。澤渡によると、富岡盛彦は新日協の草創期から運動に関与、一九六八年には新日協東京都連の結成に加わった。続いて江東支部をつくり、新日協の活動には、富岡八幡宮の施設を積極的に提供したという。孫の富岡茂永が日本会議江東支部を結成、初代支部長に就任したことと重なり合ってみえるのは偶然ではないだろう。

†富岡盛彦と「日本を守る会」

祖国の精神復興を望んでやまなかった富岡盛彦とはどんな人物だったのだろうか。

富岡八幡宮の銅像台座部にある略歴や、『戦後神道界の群像』（神社新報社、二〇一六年）によると、富岡盛彦は福岡県築上《ちくじょう》郡築上町（旧八津田《はった》村）の出身で、国学院大学を卒業後、禊《みそぎ》の行法を国民各層に広げた神道家、川面凡児《かわつらぼんじ》の推薦で富岡家の婿養子となっている。三五歳で札幌神社（現在の北海道神宮）の宮司に、四〇歳で鹿島神宮（茨城県鹿嶋市）の宮司に就任した。

戦後は、神社本庁と茨城県神社庁の設立に奔走。養父が亡くなったため、一九四九年に富岡八幡宮の宮司となり、五九年から三年間にわたり、神社本庁事務総長を務めている。時あたかも六〇年安保で、学生運動が激化した時期である。こうした中にあって、盛彦は伝統的価値観の再評価、神社信仰の充実を訴え、「神社信仰に関する調査委員会」を設置し、国民の精神復興に取り組んだという。

そして、人生の集大成として取り組んだのが、一九七四年の同憂団体「日本を守る会」の結成だった。

澤渡の手記によれば、そもそもは、戦後の「世界連邦運動」（世界平和の達成のため、単一の世界国家をつくろうとする運動）に深くかかわっていた臨済宗円覚寺派管長の朝比奈宗源が、日本で最初の世界大会を伊勢、ひいては伊勢神宮で開きたいと構想したことが始まりだった。伊勢神宮大宮司《だいぐうじ》、徳川宗敬《むねよし》の了承を得て欣喜雀躍していたとき、閃光の如く朝比奈の脳裏をかすめるものがあったという。

「お前は世界連邦、世界連邦と日夜叫んでいるが、足元の日本はどうか。脚下照顧を忘れてはいないか」

朝比奈にとって、それは「お伊勢さまから鉄槌を喰った思いだった」（澤渡の手記）。その頃、新日協で日本精神の復興を訴えていた富岡盛彦と出会う。二人は「宗教者としてなし得ることは何か、お経や祝詞《のりと》をあげているばかりが能ではない。こうしてお経や祝詞をあげていられるのも『平和日本』があればこそではないか」と意気投合。最初に明治神宮の伊達巽《だてたつみ》に協力の快諾をえた。続いて、「愛国宗教」として教勢を拡大していた「生長の家」総裁の谷口雅春（一八九三―一九八五）を訪ねた。谷口もまた趣旨に賛同し、そこから先は一気呵成だった。

後に「日本を守る会」事務総長となる明治神宮権宮司の副島廣之が書いた『私の歩んだ昭和史』（明治神宮崇敬会、一九八九年）によれば、一九七四年四月二日、明治神宮外苑の明治記念館で、「日本を守る会」の結成総会が開かれた。

国歌斉唱の後、発起人を代表して挨拶に立ったのが富岡盛彦だった。

「地球には引力というものがあり、森羅万象が安定している。しかるに地上の人類は安定どころか、国際外交も複雑となり、精神的な不安に悩まされている。殊に日本は、経済的繁栄の中に精神が衰亡し、まさに興亡の瀬戸際に際会している。今こそ宗教家は結束して立ち上がらなければならない」

詳細は後で述べるが、この団体が母体となって「元号法制化実現国民会議」（一九七八年）が結成された。元号法成立（七九年）の二年後には、看板をかけ替えた「日本を守る国民会議」（一九八一年）が誕生し、やがて日本会議へと戦線を拡大していくことになる。

日本を守る会が結成された年に富岡は急逝したため、何冊も出ている日本会議研究本では、あまり重視されていない。だが、愛国勢力からすれば功績大だ。「神社本庁」「日本を守る会」「新日本協議会」といった日本精神の昂揚を謳う団体が、富岡盛彦という神職の頭上で交錯しただけではない。彼自身が行動し、それに共鳴する同憂の士が彼の周りに参集。今日、共闘する右派・保守運動の針路を示したわけである。

†神社本庁の回答文書

「富岡八幡宮の件」。二〇一七年一二月一一日、こんな題名の文書が、東京都神社庁長、小野貴嗣《たかし》の署名で各神社に通知された。マスコミの問い合わせに応じて神社本庁が作成した回答文（一二月八日付）が添付されていた。境内で起きた殺人事件に関連し、マスコミ各社から、富岡長子が宮司になれなかったのはなぜか、本庁に問い合わせが殺到していたのである。

添付された回答文には、この問題に関する経緯が時系列で記されていた。都神社庁内では富岡長子の宮司昇格に賛成する声も少なくなかったと聞く。都内の神職たちはどんな思いで本庁のマスコミ向け回答文を読んだのだろうか。

回答文はおおむねこんな内容だ。文中、たびたび登場する「具申」とは申請のことを指す。

「宮司任命具申の神社本庁への提出は、二〇一三年六月一七日付の一回のみ。一部で四回と報道されているが、一四年一二月の一部役員変更による提出を含めても二回と認識している。当該具申書の受理後、人事委員会で五回協議したが、富岡家における親族間の諸問題や裁判が係争中であることなどから、東京都神社庁とともにその解決に向けて努めながら、協議を重ね、研修受講等を依頼するなどしてきた――」

事件に関する所感では、数カ月前まで加盟の神社だったというのに、「包括外」（＝無関係）という言葉を使って、おくやみを述べている。「包括外の神社に関することなので詳細なコメントは差し控えるが、人が亡くなられているので、心からお悔やみ申し上げるとともに、非常に残念に思っている」

回答文書では、人事委員会の協議の上、二〇一五年一月一九日に具申書を東京都神社庁を通じ富岡八幡宮へ送り返したとし、「慎重審議の結果、（富岡長子の）宮司発令は不適当と判断。候補者においては、神社本庁憲章第十一条を遵守し、指導神職研修の受講等、自己研鑽に励まれることを強く望む」とその理由が書かれてあった。

神社本庁憲章とは、神社に携わる者の精神的規範を明文化したもので、一九八〇年に施行されている。回答文書には第一一条が全文付記されていた。

> 第十一条　神職はひたすら神明に奉仕し、祭祀を厳修し、常に神威の発揚に努め、氏子・崇敬者の教化育成に当ることを使命とする。2　神職は、古典を修め、礼式に習熟し、教養を深め、品性を陶冶して、社会の師表たるべきことを心掛けなければならない。3　神職は、使命遂行に当って、神典及び伝統的な信仰に則り、いやしくも恣意独断を以てしてはならない。

要するに、神社本庁側は「宮司たる者かくあるべし」と憲章を例示したうえで、富岡長子はその域に達していなかったと強調したかったのだろう。いずれにせよ、そうした指摘を受けて、富岡長子は研修に参加。五日間の研修を受けたものの、なお日数が足りないとされ、富岡八幡宮は二〇一七年に本庁離脱に踏み切った。

†富岡八幡宮側代理人の言い分

富岡八幡宮側代理人の佐藤歳二《とし じ》は最高裁司法研修所上席教官、新潟・横浜両地裁所長などを歴任した裁判官出身のベテラン弁護士。最高裁まで争い、神社本庁離脱が決まった気《け》多《た》大社《たいしゃ》（石川県羽咋《はくい》市）の代理人を務めた。

佐藤は惨殺事件の二日後に社務所で記者会見し、「約七年前から四度にわたって具申」したと明言していた。「具申は一回」とした神社本庁側の認識と食い違う。それはなぜか。神社本庁の回答書を子細に読んで、合点がいった。神社本庁側は、八幡宮の具申を「お願い文書」だと解釈して、正式の任命具申書とは認めなかったケースがあったのだ。

事件からしばらくして、一連の経緯について佐藤弁護士に話を聞くことができた。代理人を引き受けた理由について、佐藤は「関係者全員の嘆願書があったからです。責任役員会や総代会、神輿連合会、神職、巫女、施設管理にかかわる人々（用務員）など、みんなが『富岡長子さんを宮司に』と一致していたんですよ」と言った。

依頼者と代理人にとって、信頼関係が一番大事だ。裁判沙汰になって、後から思わぬモノが出てくることは往々にしてある。そうした事態が起きないよう、依頼人が信用に足る人物か、審査はぬかりなく行わないといけない。「私は裁判官出身ですからなおさら慎重です。受けると決める前に資料を持ってきてもらうと、かつて内紛があった、十数年前にと話すので、むかしの週刊誌などもすべて取り寄せました」

それでも、慎重には慎重を期そうと、神社本庁に照会状を出した。「なぜ、宮司に認めなかったのか？」と。すると、ダメだという理由は何も示さず、付記に「怪文書がありますー」と触れただけで、地元の嘆願書を含めて照会状一式が突き返されてきた。「上申するたび、『騒動』を持ち出し、理由もつけず却下する。加盟する神社は、自分たちの言いなりになると誤解している。宗教法人法は離脱について、被包括法人の意思を尊重すべき旨を定め、包括法人がこれを阻止することを厳に禁じているんですがね」

包括－被包括関係の解消、つまり離脱の手続きを規定した宗教法人法二六条は、たしかにその後段で、被包括法人の意思を尊重すべき旨を定めている。

宗教法人の規則変更は、所轄庁（原則として、当該法人の所在地の都道府県知事）の認証を受けなければならない。当該の宗教法人が包括宗教法人との関係を解消しようとするときは、包括法人が一定の権限をもつといった定めが当該宗教法人の規則に含まれていたとしても、その規定に基づく必要はない。さらに同法七八条は、包括法人が被包括法人の離脱を妨害してはいけないと記している。

神社本庁の対応の仕方について、佐藤はこう話す。「上の意思と下の民意が合わなかったら、離脱も仕方ない。離脱の自由の根拠は信教の自由にある。そこに気づいていないのが、ちょっと情けない。私は思想的に左でも右でもありませんが、いまのような神社本庁のやり方を続けていくと、神社は離れていくんじゃないでしょうか」

†「これじゃ、取り込み詐欺」

神社本庁は終戦直後、神社神道が宗教法人としての生き残りを図るなかで、指揮系統がゆるやかな連盟形式の組織としてスタートを切った（詳しくは第三章で再論する）。本山・末寺のピラミッド組織をもつ仏教などと違い、神社は一つの教義にもとづくものではないという考え方からだ。

宮司人事は本庁（統理）が認証するとはいえ形式的なものにすぎず、地元の意思が優先されるべきであって、神社を管理した戦時中の官庁・神祇院《じんぎいん》とは違うはずなのに、という神社側の悲痛な声を取材中に何度も聞いた。

「対等、平等と言ってスタートしておきながら、『宮司の人事権は神社本庁にあるって庁規に書いてあるだろう』『自分たちの意見が通らないからって、離脱は許さんぞ』と。これじゃ、取り込み詐欺じゃないですか」。本庁離脱を試みたことのある神社の関係者はそう批判をする。

富岡八幡宮の宮司選任をめぐっては、氏子団体などの同意書を集め、富岡長子の宮司就任を地元の総意とする具申が提出されていたのに、神社本庁はさまざまな理由をつけ、承諾しなかった。別の神社関係者は、本庁の責任を指摘する。「長子さんの人事を店ざらしにしたことが、茂永さんに宮司復帰の期待感を抱かせる結果になった」「奔放だった茂永さんをどうして若くして宮司にしたのか。さかのぼれば、その点からも本庁の責任は免れない」

富岡茂永は三四歳の若さで、「別表神社《べっぴょうじんじゃ》」（全国約三五〇社）と呼ばれる有力な神社の宮司に任命された。神社本庁によれば、「指導神職研修の受講を条件に付した」というが、その後のフォローは十分だったのだろうか。

富岡八幡宮と神社本庁、日本会議。富岡盛彦という神道家を通じて三者はつながり、孫の茂永は祖父を強く意識しているかのように憂国を語ったことはすでに書いた。姉は、自分を宮司として認めない神社本庁に愛想をつかし、祖父ゆかりの神社本庁を去った。

神社本庁とはどんな組織で、何が起きているのか。

第二章
神社界のツートップ

†「天の時は与えられた」

与党の圧勝に終わった二〇一七年一〇月二二日の衆院選。その三日後の一〇月二五日、東京・平河町の海運クラブで、憲法改正団体「美しい日本の憲法をつくる国民の会」の国民集会が開かれた。会場には国会議員や神社関係者、日本会議関係者をふくむ約七〇〇人（主催者発表）が参加。登壇者はいずれも、与党圧勝の興奮もさめやらぬ表情で、「憲法改正の早期実現を！」と何度も繰り返した。

「天は安倍さんに二度のチャンスをお与えになった。安倍首相は国難という言葉を使ったが、よくわかる。あとは自民党、特に安倍さんの意思次第。みなさん、日本を救おうではありませんか」。会の共同代表の一人、日本会議会長を務める田久保忠衛《ただえ》が開会の辞でこう述べ、同じく主催者の一人、櫻井よしこや、日本会議系の集会で引っ張りだこのケント・ギルバートらが次々とマイクを握った。

国会議員もそれに続く。首相補佐官・参院議員の衛藤晟一が終始笑みをたたえながら壇上に立った。「奇跡的な結果をいただいた。まさに我々は天の時を得たという具合に確信をしている。天の時、地の利、そして人の和、最後は全力をあげて、この国会の中における発議ができるまで頑張ってまいりたい。天の時は与えられた。頑張りましょう」

神社本庁と一体の政治組織、神道政治連盟（神政連）の推薦を受け、二〇一六年の参院選比例区で約二五万票を獲得した、自民党憲法改正推進本部副本部長の山谷えり子も登壇。「（改憲論議は）丁寧にやることはもちろんですけど、主権国家としてのたたずまいを整える、美しい国柄を発展させる、そのためには決してゆるゆるとやっていいというものではない」と改憲の早期実現を訴えた。

同じく神政連が推す自民党参院議員、有村治子も、「主権をもたない中で占領軍が起草した憲法に、国家の主権と独立を守る防衛の志が書かれていないのは当然。この国難を前に、国民の手で私たちの憲法を作りあげましょう」と参加者に呼びかけた。

神政連は神社本庁と一体の運動団体で、一九六九年に結成された。神社界には「建国記念の日」制定運動でなかなか成果をあげられなかった苦い経験がある。このため、政界とのより太いパイプの必要性が叫ばれるようになり、それが神政連に結実した。神政連の国会議員懇談会には約三〇〇人の議員が所属し、現首相の安倍が会長を務める。

一方、「美しい日本の憲法をつくる国民の会」は二〇一四年一〇月一日、東京・憲政記念館で結成された。国民投票の有効投票数を六〇〇〇万と試算し、その過半数（三〇〇〇万票）の獲得を目標にすえて、改憲賛同者を拡大する「一〇〇〇万人のネットワーク」づくりを展開している（二〇一八年三月に目標達成を発表）。婦人層を対象とした小規模の憲法学習会を各地で開いて、草の根保守の掘り起こしをコツコツ続けているのが、この団体の特徴だ。

前出の田久保、櫻井、元最高裁長官で日本会議名誉会長の三好達を共同代表にすえ、日本会議、神社界それぞれの幹部が複数の部署にバランスよく就き、組織を固めている。

一例をあげると、代表発起人に神社本庁総長（日本会議副会長）の田中恆清《つねきよ》、幹事長に日本会議政策委員で憲法学者の百地《ももち》章《あきら》（生長の家学生運動出身）、事務総長に神政連会長の打田《うちだ》文博《ふみひろ》、事務局長に日本会議事務総長の椛島《かばしま》有三（生長の家学生運動出身）といった具合だ。

この日もひな壇には、神社界の「ツートップ」と目される田中恆清、打田文博が姿を見せた。たびたび会場を見わたす打田に対し、田中は無表情に手元を見つめているのが対照的だった。その一週間前のこと、神社本庁の最高議決機関「評議員会」（一六八人）で田中は怒りを爆発させていた。

†神社界を揺るがす「疑惑」

「私の腹の中にはマグマがいま燃えさかっている」

二〇一七年一〇月一九日の定例評議員会。シメの挨拶でそう切り出した田中総長は、

「マスコミがおもしろおかしく伝えているが、職舎売却はわずかなきっかけであり、（彼らが）言いたいのは、神社本庁あるいは日本会議、神政連が進めてきた憲法改正の問題、さらには今上陛下のご譲位にかかわる問題、反対勢力が何とかそのことをつぶしたい。そこにマスコミの論調は集約されている」

改憲つぶしを企てる勢力が神社本庁を揺さぶっている――。そう言いたかったのだろう。だが、議場（神社本庁大講堂）にいた評議員、庁内放送を聞いていた少なからぬ職員らが違和感をもって、総長の話を聞いていた。「それは問題のすり替えだろう」

なぜなら、それまで職舎売却の件を報道したのは『週刊文春』『週刊ダイヤモンド・オンライン』といった、どちらかと言えば政治色のないメディアだったからだ。それゆえ、田中の「思惑」に反して、彼のシメの挨拶は「『改憲つぶし』を騙《かた》った上層部による疑惑隠しのように聞こえた」と評する評議員もいた。

『週刊文春』はこの職舎売却問題について、まず二〇一七年九月二一日号で「安倍首相『憲法改正』の旗振り役　神社本庁で内紛勃発」との見出しを打ち、土地取引の一件と神社本庁ナンバー2「副総長」の辞任を特報。さらに翌週号では「神社本庁『不動産格安転売』の陰にドン打田」というタイトルで、打田文博神政連会長の取引関与について本人に直撃、その時のやり取りも含め、不動産取引問題を報じている。

いち早くこの問題を取り上げたのが『ダイヤモンド・オンライン』だった。特集「瓦解する神社」（二〇一七年六月二一日）の中で、「神社本庁で不可解な不動産取引、刑事告訴も飛び出す大騒動勃発」と銘打ち、神社本庁が所有する不動産物件における「土地ころがし」疑惑を詳細に報じた。

宗教法人とは公益法人の一種である。こうした報道が事実なら、由々しき問題ではないか。その真偽を確かめるべく、まずは神社界を揺るがすこの「疑惑」を追跡してみよう。

†処分された両部長の提訴

職員宿舎の売却をめぐる複数の告発文が、神社本庁で出回り始めたのは二〇一六年五月頃だ。調査委員会が立ち上げられ、「不当に低廉だったとまでは判断できない」との調査報告書（二〇一七年七月一九日付）が提出されたものの、執行部を追及する声は収まらなかった。こうして蓄積された上層部への批判が噴出したのが、一七年一〇月に開催された、先述の定例評議員会だった。

その日の評議員会は本来、二〇一六年度一般会計決算などが審議の中心となるはずだった。ところが午後一時に開会すると、不動産取引をめぐって担当部長が入れ替わり立ち替わり答弁にたつ光景が続いた。この状況に田中は、「私の経験上、このように長い時間をかけての評議員会は初めて」と、怒りを露わにした。

一般紙も一斉に取材に動き出していた。二〇一七年八月二五日、告発文書を書いた神社本庁総合研究部長の稲貴夫《いなたかお》が懲戒免職（処分前は筆頭部長）、職舎売却交渉時に財政部長だった教化広報部長の瀬尾《せのお》芳也《よしや》が情報管理課の一般職員へと降格減給になったからだ。

話はそれで終わらなかった。処分を受けた両部長が、二〇一七年一〇月一七日、神社本庁を相手取って地位確認請求訴訟を起こした。原告側は「仮処分申請」といった、即効性が期待できる手段はとらず、法廷での審議を選んだ。「神社本庁のウミを白日のもとにさらす戦術をあえて採った」という。

「決して神社本庁が憎くて、組織をつぶそうとしてやっているわけではない」

東京地裁の二階にある司法記者クラブ。神社本庁を懲戒免職になった稲貴夫らが訴訟を起こした日、代理人の塩谷崇之は、稲とともに記者会見に臨んでいた。塩谷は弁護士として活動する一方で、埼玉県秩父市内の神社で宮司を務めてもいる。提訴は苦渋の選択だったと述べ、塩谷はこう続けた。「売却問題の真相はいまだに分からない部分がある。訴訟を通じて真実を明らかにしたい」

原告の稲貴夫も、「提訴は決して本意ではないが、一日でも早く元の職場に戻りたい。また、現在こうした形で神社が話題になるのは全国の神職ら関係者に本当に申し訳ないと思う。しかし、これを契機に神社本庁の正常化、再生のきっかけになってほしいという思いで、今回提訴に踏み切った」と力をこめた。

稲は一九五九年、宇都宮市生まれ。八三年に神社本庁職員となり、組織渉外部（渉外部）に配属になった。「建国記念の日」式典の政府主催を目指す運動に従事してもいる。本宗奉賛《ほんそうほうさん》部長、教化広報部長、総合研究部長などを歴任した。

瀬尾は一九五九年、前橋市生まれ。銀行勤務をへて、九一年に神社本庁職員となる。財政部長、教化広報部長などを歴任。二〇一七年八月の懲戒処分で、総務部情報管理課のヒラ部員に降格された。

この二人を支援するため、「神社本庁の自浄を願う会」が二〇一七年一〇月に結成された。代表は高池勝彦。高池は日本会議会長の田久保忠衛とも近い民社協会系の弁護士で、「新しい歴史教科書をつくる会」の会長を務める。

†原告側の主張

訴状などによると、問題の物件は川崎市麻生区の百合丘《ゆりがおか》職員宿舎（一九八七年に七億六〇〇〇万円で購入、鉄筋四階建て、二二戸）。二〇一四年春すぎ、総務部長（当時）の小野崇之《たかゆき》と秘書部長（当時）眞田《さなだ》宜修《よしのぶ》から、「老朽化」を理由に売却の提案があった。

当時、財政部長だった瀬尾は少しでも高く売ろうと、不動産業者や信託銀行の仲介による買い手探しを部長会などで提案したところ、一五年三月、瀬尾は小野に呼ばれ、こう言われたという。「銀行や不動産屋が仲介する方法では二、三年先になることだって考えられる。別の方法を考えるように」

同じ頃、総務課長（当時）の牛尾淳から、「ディンプル（不動産仲介業「ディンプル・インターナショナル」）の高橋恒雄社長が怒っている。早くしてくださいよ」と告げられる。ディンプル社長の高橋恒雄が神政連会長の打田文博と親しいことは、神社本庁内では知られている。打田は牛尾の元上司で、総長、総務部長らとも親しい。瀬尾はこのとき、牛尾の発言の背後に、本庁の上層部・職員に隠然たる影響力をもつ打田の意向を強く感じたという。

瀬尾は可能な限り高く売る方針の下、信託銀行とも話を進めていたため、方針を変えるのであれば総長の了解をえておく必要があると考え、田中に相談した。

「ディンプルの高橋さんに任せておけばええんや」。総長からもそう言われ、職舎をディンプル社に直接売却することが上層部の既定路線だと、瀬尾は確信した。

そこで、ディンプル社に職舎売却の話をもちかけると、同社から、職舎の査定額は一億七五〇〇万円、買い取り額は一億八〇〇〇万円との提示があった。瀬尾は念のため、顧問税理士を通じ、日税不動産情報センターに査定を依頼した。すると、二億二五六〇万円〜二億五五五〇万円だった。しかし、ディンプル社への売却は覆らなかった。瀬尾は二〇一五年七月一日付で財政部長を外されている。後任の木田孝朋がその後の契約・決済を取り仕切り、ディンプル社への売買は同年一一月二七日に完了した。

ところが、この不動産取引はそれで終わらなかった。ディンプル社の決済が完了したその日、同社は登記手続きをショートカットする手法（新中間省略登記）で、クリエイト西武（東京都東村山市）に転売していたのだ。二〇一六年五月には埼玉県越谷市の住宅会社に売却されてしまう。注目すべきことに、このとき八千代銀行（現・きらぼし銀行）は、クリエイト西武所有時の土地建物に三億円の根抵当を設定していた。つまり、物件を担保に三億円までの融資が可能ということだ。その評価と比べると、神社本庁の売却額は相当低額だったのではないか。そんな疑問が噴出したのである。

神社本庁の取り決め（庁規）では、不動産などの基本財産は原則、処分してはならないことになっている。やむをえない場合は、評議員会の議決をへて処分することもできるが、競争入札を行い、最高の入札額で応札した者に決定しなければならない。職員宿舎の場合、それが守られないまま、上層部の意向によって、入札もせずディンプル社に格安で売られてしまったと原告は主張する。

神社本庁は全国八万の神社が加盟する包括宗教法人だ。宮司の人事権のみならず、各神社の基本財産処分、資金借り入れの返済計画にまで目を光らせる指導的立場にある。原告の主張が事実であれば、その神社本庁が、自らの行動には大甘だったということになる。

神社本庁が裁判の中で証拠として提出した調査委員会の「調査報告書」（二〇一七年七月一九日付）を、東京地裁の閲覧室で見た。登記を省いた「新中間省略登記」には違法性はないが、「登記の際に必要な登録免許税等の削減というメリットが、ディンプル側にあるだけで、神社本庁側に利点はない」、「登記簿を閲覧した者は、売却先がディンプル社ではなく、第三者に所有権移転されている事実を知り、不信感を抱くことは当然だ。少なくとも、直近の役員会に経緯・結果を報告するなど、不信感をいだかれないようにする努力が必要だった」と、神社本庁側の不備が指摘されてもいた。

†告発文書「檄」

発火点はどこだったたったのか。

二〇一六年五月二三日、不透明な取引を独自に調べていた当時の東京都神社庁長（東京大神宮宮司）の松山文彦は、神社本庁役員会（理事会＝責任役員会）で執行部批判の演説を行った。「職舎の簿価は約七億六〇〇〇万円だと思うが、不透明な売買によって基本財産を五億円以上損ねてしまったことを反省すべきだ。損失額を神職の理事で割った場合、一人当たり四〇〇〇万円にもなる」。松山のこの演説は、すぐに職員たちの知るところとなった。

この役員会に出席していた稲貴夫は、ディンプル社の即日転売のことを、そのとき初めて知って驚いた。役員会でのやり取りを後で知った瀬尾芳也も、「ディンプル社にだまされた」と衝撃を受けた。神職有志が参加する神社オンラインネットワークでも、この一件は「疑惑」という言葉とともに話題になった。それでも上層部が解明に動き出す様子はなく、「このままで事態を収束させるわけにいかない」と稲貴夫が作成したのが、以下に示す「檄」（二〇一六年一二月作成）と題された文書だった。少し長いが、二人が神社本庁の現状を放置できないと考えるに至った思いが伝わってくるので引用する。

檄——己自身と同僚および諸先輩方を叱咤し、決起と奮起を求める

本年五月、神社本庁役員会における松山理事（当時）の発言で明るみとなった百合丘職舎売却をめぐる疑惑は五月、一〇月の定例評議員会で質疑等がなされたものの、事務手続き上の問題にかかわるやり取りに終始し、葬り去られようとしている。

私は事件の内情を知る者であり、この事態を黙って見過ごすことは道義上許されるものではないと自覚し、この「檄」をしたためるに至ったのである。

今思えば実に空疎な「危機管理対策」の名の下に、職舎売却の真の目的を見抜けないまま、部長会で売却の方針に賛成してしまったこと。そして売却先の決定にあたっては、当時の小野総務部長、眞田秘書部長の瀬尾財政部長に対する「早く売れ、何をしているんだ！」の大合唱に疑問を感じつつも、「過去の実績」を理由とした「ディンプル・インターナショナル」との随意契約に同意してしまったこと。

さらに平成一〇年の『私たちの皇室』創刊にあたって、担当職員としてメディア・ミックス社との交渉で苦しい思いをした経験があったにもかかわらず、職舎売却先のディンプル社がメディア・ミックス社の関連会社であることに、職舎疑惑が明るみになるまで気づかぬままであったこと。そして、ついには今回の職舎売却処分を見過ごしてしまい、結果として全国神社、およびその関係者からの浄財からなる神社本庁の財産を捨てるに等しい行為に加担してしまったことは、全国の神職関係者に対して真に申しわけなく、また悔しくてならない。

（中略）

こうした状況を異常事態と言わずして何を異常事態と言わんや。この事態をこのまま見過ごすことがあるとするなら、神社本庁設立以来七〇年の間、今日の基礎を積み上げられてこられた幾多の先人の方々に申しわけがたたない。

神社本庁の役員および関係の役職を務めておられる諸先輩方！　そして職員有志の諸君！　今こそともに起ちあがり行動しよう！　今起ちあがらなければ、神社本庁の信用は完全に失墜したままとなる。

まず決起して、本庁に巣くう疑惑の当事者どもを一掃するのだ。そして人事を一新し、神社本庁の正常化のために、ともに力を合わせて進んでいこうではないか！　そのために今こそ渾身の勇気を奮うのだ

神社本庁職員　稲貴夫

告発文書「檄」に出てくるディンプル社とメディア・ミックス社は、いずれも高橋恒雄が経営し、事業所の住所も同じ。

正式名称「日本メディア・ミックス」社は、神社本庁総長の田中恆清が代表者を務める一般財団法人「日本文化興隆財団」が関係する季刊誌『皇室』に携わる会社だ。同誌はかつて主婦と生活社が発行していたが、一九九八年に扶桑社とメディア社に権利が移り、前者が編集・発行と書店売りを、後者が直販・定期購読を受け持ち、刊行を続けている。メディア社の役員には、日本レスリング協会の福田富昭（日本オリンピック委員会名誉委員）

もその名を連ねる。最近まで日本文化興隆財団の理事だった福田、そしてディンプル社の高橋は、反社会勢力との過去の交遊関係を『週刊文春』で報じられたりもした。

「檄」に出てくるディンプル社の「過去の実績」だが、神社本庁は二〇一二年一一月二七日、中野職舎と青山職舎を同社に売却したほか、日本文化興隆財団も、同社と不動産取引の実績があった。百合丘職舎売却をめぐっては、「その実績」が「信用」となり、業者選定の大きな理由となったという。

文中に再三登場する「危機管理」という言葉は、百合丘職舎売却を検討する際に語られた「大義」だった。川崎市北西部にある職舎は都心から離れているため、大災害などがあった場合、職員が登庁できない、危機管理上の役割を果たせない、だから売却しよう、と主張されたのである。

†二人の訴状

話を訴状に戻そう。稲らの訴えによると、檄文は、稲が信用する神社本庁副総長(当時)の小串《おぐし》和夫と、静岡県神社庁長の櫻井豊彦の理事二人に渡したもので、組織の自浄をねがった内部通報的なものだったという。目的は正当で、記載内容も事実であり、受け取った理事二人も、取引をめぐる不信感が神社界に広がっていることは承知していたのであって、稲の行為はそもそも懲戒事由に該当しない、懲戒解雇は極刑に匹敵する極めて重い処分であって、原告の与えた影響をどう考慮しても、解雇が重すぎることは明らかである、と処分の無効を訴えている。

もう一人の原告である瀬尾芳也の場合、財政部長から外された後、良心の呵責に耐えられず、取引に疑義を呈したり、懇親会の席で「総長は稀代の大馬鹿ものだ」と言ったりしたことが、懲戒理由にされた。「職場秩序を乱した」というわけだ。訴状では、職舎売却に加担したことを後悔し、その責任感から瀬尾が事実関係を明らかにしようと努めたことが、上層部にとって都合が悪かったため、瀬尾の言動を抑圧すべく処分におよんだのであり、懲戒権の濫用だと訴えている。

†神社本庁側の答弁書

一方、被告の神社本庁側は、二〇一七年一一月二四日に答弁書を出した。

主任弁護士の内田智は、菅野完のベストセラー『日本会議の研究』（扶桑社新書、二〇一六年）をめぐって、宗教法人「生長の家」の元大幹部が出版差し止めなどを求めた際の原告側代理人だ。一九八二年に早大法学部を卒業。九〇年に弁護士登録し、「新しい歴史教科書をつくる会」などに参画。最近では「美しい日本の憲法をつくる国民の会」事務局次長にもその名を連ねている。

答弁書では、「百合丘職舎の売却に関し上層部らの圧力があった」との原告側主張をすべて否定。「田中総長から『ディンプルの高橋さんに任せておけばええんや』と言われた」（原告）ことについて、「強く否認する。総長はそのような発言はしていない」とし、「百合丘職舎をディンプル社に直接売却する方針が打田幹事長のみならず、田中総長ら神社本庁上層部の間で既定路線になっている事実はない」と反論している。

稲が書いた「檄」については、「田中総長および打田神政連会長、被告関係者に対する刑事法上の名誉毀損をもたらすとともに、組織内での秩序違反をもたらしたこと、職員間の意思疎通の困難さや業務停滞を生じさせたことなど、職場規律に著しく違反した」とし、追って被告の主張は明らかにする考えであると示したうえで、稲の行為を以下のように断罪している。

「神明への奉仕と『浄き明き直き心』を最も大事にすべき神道人でありながら、原告稲は秘書部長、渉外部長の質問に、破廉恥なことに明白な虚偽を述べ、文書の作成につきウソを突き通した。宗教団体である被告の筆頭部長として社会的に許されない対応であり、原告がシラを切り通した悪質な虚偽と隠蔽行為によって被告の組織的な混乱は継続し拡大をした」と。その上で、処分の正当性を訴えた。

瀬尾に対しても、「原告が主張するような『犯罪者を扱うような尋問を受けるに至った』事実はない」「田中総長について『稀代の大馬鹿者だ』との暴言は、単に職員間の話の中で上司らの悪口をいうことではなく、古参の幹部職員として職場秩序の維持の観点から許されない」などとして、争う姿勢を明確にしている。

†「権力闘争説」vs.「不正取引説」

稲らの提訴を受けて、それまで反撃を控えているかに見えた神社本庁側も、その主張が一部メディアで報じられるようになった。週刊誌『女性セブン』(二〇一七年一一月二三日号)では「サーヤの祭主デビューに水差した神社本庁内紛の全内幕」の見出しのもと、「事実と乖離した報道が相次いでいるため、これ以上の沈黙は組織にとってもマイナスだと判断した」と主張する神社本庁幹部A氏が登場し、知られざる「暗闘」が背後にあると訴えている。

その記事によると、不動産取引の疑惑は騒動とはほとんど無関係で、実際に起きていたのは総長と副総長(記事中ではB氏＝熱田神宮宮司の小串和夫)の権力闘争だという。総長三期続投に怒ったB氏一派はクーデターの材料として不動産取引に目をつけ、「〝実行部隊〟として動いたのが稲氏と瀬尾氏だった」と断じている。

さらには、提訴の日は伊勢神宮で神嘗祭《かんなめさい》がおこなわれた日でもあることを問題視。「サーヤ」の愛称で親しまれている黒田清子《さやこ》さんが伊勢神宮の祭主になって初めて勅使参向《ちょくしさんこう》された祭典に、神社本庁の人間が水を差すのは無礼だとA氏は結んでいる。

A氏の主張に対し、稲ら原告側はたまたまその日になったと言い、「『権力闘争だ』というこじつけは、評議員会での『改憲つぶし』と一緒。疑惑への目をそらし、起きている事態を矮小化しようとする狙いがありありだ」「熱田神宮の小串さんは権力に恋々としたタイプではなく、策謀をめぐらしたりしない。神社界にある院友（国学院出身）vs.館友（皇学館出身）の図式に無理やりはめ込み、田中（院友）と小串（館友）の争いに話をすり替えようとしている」と反論する。

「権力闘争説」にせよ、「不正取引説」にせよ、当事者として登場するキーマンは神社本庁総長である。田中恆清とはどんな人物なのだろうか。

†二人の実力者

「本日のこの大会は憲法改正に向けた、新たなステージへと向かう出発点でもあり、なおいっそうの運動の推進を展開すべく、心を新たに取り組んで参りたい」

二〇一七年一一月二七日、東京・芝公園の東京プリンスホテルで、日本会議・日本会議国会議員懇談会の設立二〇周年記念大会が開かれた。参加者二〇〇〇人（主催者発表）を前に開会の辞を述べたのは、日本会議副会長でもある神社本庁総長、田中恆清だった。立て板に水のごとき演説の名手という人物評は、あながち間違いではないらしい。

田中は石清水八幡宮（京都府八幡市）の宮司を代々務める社家《しゃけ》、田中家の三男として一九四四年六月三〇日に生まれた。『戦後神道界の群像』によると、近畿大学をへて、一九六九年に国学院大学神道学専攻科を修了。平安神宮に出仕後、石清水八幡宮へ戻った。京都の若手神職の活動に早くから参加し、全国組織「神道青年全国協議会」（神青協）では、一九八三年度から一期二年間にわたり会長を務めた。

本人の談によると、「神職は長兄が跡を継ぐものと別の道を考えていた時期もありましたが、長兄の身体があまり丈夫ではなかったため、父に促されて神職の資格を取得すると、大学卒業後には導かれるように平安神宮に奉職。以来神職として今日まで歩み続けてまいりました」（『致知』二〇一二年四月号）。

二〇〇一年、兄弘清《ひろきよ》のあとを受けて、石清水八幡宮の宮司に就任。同年、神道政治連盟幹事長となり、〇四年に神社本庁理事に就任した直後、副総長に抜擢されている。矢田部正巳神社本庁総長の下、手腕を発揮した田中は、一〇年には総長に登りつめた。任期をまっとうすれば、神社本庁憲章制定（一九八〇年）に尽力し、総長（事務総長）を三期九年務

め た元熱田神宮宮司、篠田康雄に並ぶ。なお、長男の田中朋清《ともきよ》は石清水八幡宮権宮司で、世界連邦日本宗教委員会事務局長を務める。

田中恆清を総長にした人物として衆目が一致するのが打田文博だ。職員の中には「工藤伊豆、矢田部、田中の三代を打田が総長に押し上げた」という見方さえある。工藤伊豆《くどういず》は、高山稲荷神社（青森県つがる市）の宮司だった人物で、一九九二年に神政連会長。九五年に神社本庁常務理事、九八年に神社本庁総長に就いた。神政連会長を務めた後、神社本庁総長となったのは工藤が最初で、その頃、神政連の事務方を仕切っていたのが打田だった。

打田文博は一九五三年に静岡県で生まれた。東海大学卒業後、国学院大学神道学専攻科に進み、寒川《さむかわ》神社に奉職。八〇年に神社本庁入りした。神政連の事務局をあずかる渉外部に長く在籍し、神政連国会議員懇談会を通じ、自民党参院議員会長を務めた村上正邦や、元首相の森喜朗、懇談会会長の安倍晋三ら自民党上層部との人間関係を築いた。その間、日本宗教連盟事務局長に二度就任し、文化庁や宗教界で「やり手の神道家」として知られている。

静岡県森町にある遠江《とおとうみ》国一宮小國《おくに》神社の宮司に打田が転身したのは二〇〇〇年。だが、その後も神社本庁に隠然たる影響力をもっていたという。「役員特別補佐」なる肩書を有していた時期もあったと噂され、本庁の職員人事から役員人事まで差配する政治力を発揮してきたと神社関係者は口をそろえる。

神社本庁総務部長から明治神宮禰宜《ねぎ》に転じた眞田宜修と、神政連事務局にいた女性職員の仲を仲人として取り持ったといい、今回の眞田の「移籍」で、明治神宮により太いパイプを築いたとの見方もある。付け加えるなら、眞田と明治神宮宮司の中島精太郎は親戚である。

先に述べたように、神政連は神社本庁と一体の運動団体だ。「建国記念の日」実現を目指し、長期にわたり制定運動を続けた経験から、政界とのパイプを強化するために結成されたのが神政連だ。神社本庁渉外部長が神政連の事務局長を兼任することが多く、打田は一職員から神政連事務局長（渉外部長）となり、宮司に転じた後、神政連の階段を一気に駆け上がったことになる。

二〇一六年六月一四日に開かれた神政連中央委員会で会長に就任。このとき打田は六二歳。打田を支える二人の副会長は六九歳と六五歳、幹事長は六八歳、総務会長は六二歳だから、異例のスピード出世と言えよう。

神社新報（二〇一六年六月二七日付）によると、二〇一六年六月の神政連中央委員会に来賓として出席した神社本庁の田中恆清は、前月の定例評議員会後の臨時役員会で総長に再任されたことを報告。神社界の悲願である憲法改正を安倍政権のあいだに実現しなければならないと訴えた。神政連会長の選出挨拶に立った打田文博も、この年の参院選（二〇一六年七月）にふれ、「神政連の使命と役割を十分に認識し、真摯な国民運動を続けたい」と、憲法改正に向けての抱負を述べたという。

九歳の年の差がありながら「盟友関係」とも評される田中恆清と打田文博。全国有数の大社の生まれで、神職の地元青年会活動からキャリアを積み上げてきた田中と、神社本庁の「能吏」としてキングメーカーの地位を築いたとされる打田。神政連を出世のテコにしたこの二人が現在の神社界を動かしていることはどうやら間違いない。

†キングメーカーと「神社新報」

「神社新報が脱税をしている」

二〇一八年一月下旬、東京・明治記念館で開かれた東京都神社庁の新年総会・懇親会で、神政連会長、打田文博がそう話していたのを参加者たちは聞いた。打田は会場を回りながら、神社本庁を揺るがしている百合丘職員宿舎売却問題にもふれ、神社新報の報道姿勢に対し、疑問を呈したという。

「百合丘」をめぐって、神社本庁執行部が業者との癒着を取りざたされる中、神社新報は是々非々の姿勢で臨んでいた。その神社新報こそが、陰で糸を引き、告発者たちを動かしている黒幕だと、打田は言いたかったのだろうか。

打田の発言を伝え聞き、驚いたのは神社新報社側だった。同社に対し税務調査があったのは一月一七、一八の両日。神社新報社は神社本庁・神政連と同じ建物に入っており、税務署員も表玄関から入ってきたので、調査に気づいた本庁職員もいただろう。だが、どういう経路でそれを知ったのか。

「よく知っているなあ」。神社関係者がそう思ったのは、打田の発言だけではなかった。税務署がピンポイントで、「創刊七〇周年記念事業」について調べにきたことだ。結局、記念事業で募った寄付九八〇〇万円のうち、使わずに残った四二〇〇万円を一般会計に繰り入れずにいたことが税務署に「所得隠し」と認定されたのだが、神社関係者によると、残余金は、八〇周年事業への引き継ぎを含め、「有効な使途を検討する」と決定。その取り扱いの詳細を詰めている間隙を突かれたという。実に一九年ぶりの税務調査だった。

神社新報社は株式会社で、神社界唯一の専門紙をうたう『神社新報』(月四回、五万部)を発行している。一九四六年に創刊した当初は、神社本庁の機関紙として出発し、その後、全国の神社を株主とする会社に移行した。

社長は高山亨(乃木神社)、会長は小串和夫(熱田神宮)、取締役には西高辻信良《にしたかつじのぶよし》(太宰府天満宮)、千家尊祐《せんげたかまさ》(出雲大社)、中村陽(伏見稲荷大社)、中島精太郎(明治神宮)、亀田幸

弘（伊勢神宮）、監査役は塙東男《はなわはるお》（笠間稲荷神社）、吉田茂穂（鶴岡八幡宮）がその名を連ねる。偶然にも神社本庁総長ら執行部と距離をおく人々が比較的多く、執行部批判もいとわない紙面づくりから、目の敵にされることもしばしばだという。

そんな紙面方針がいかんなく発揮されたのが、百合丘職舎問題だった。執行部批判が起こった二〇一七年一〇月の神社本庁評議員会直後、「神社新報」（一〇月三〇日付）は、明治維新の際の「五箇条の御誓文」を引いて、「万機公論に決すべし」という論説記事を載せた。

「今回の評議員会では、近年の神社界において活発な議論の機会があまりないことを憂える意見が聞かれた。本庁の理事・監事や評議員の役割にも言及があったが、役員会や評議員会で真摯かつ活発な議論があればこそ、より健全な組織運営も担保されよう。そのような意味でも、明治一五〇年を控えた今こそ、改めて『広く会議を興し、万機公論に決すべし』との主意を深く胸に刻みたい」

矜持を感じさせる諫言だった。

第三章 神社本庁の誕生

二〇一六年五月二五日、「神社本庁設立七〇周年記念大会」が明治神宮内の神宮会館で開かれた。第二部の記念式典に出席した秋篠宮文仁さまはこう述べられたという。

「神社本庁は、第二次世界大戦後に神社が国家の手を離れたことにより、当時、民間の神社関係団体であった皇典講究所、大日本神祇会、神宮奉斎会が相より、全国の約八万もの神社を包括する団体として設立されました。爾来、伝統的な祭祀の維持と継承、そして道徳の啓蒙に努めるとともに全国の神社の護持発展のための活動を続けられ、本年、七〇年の佳節を迎えられたことは、設立当初からの関係者の弛《たゆ》まぬ御尽力の賜物だと思います」

（神社新報二〇一六年六月六日付）

秋篠宮さまの式典入場を先導したのは神社本庁総長、田中恆清。この式典には、首相の代理として官房長官の菅義偉、伊勢神宮大宮司（当時）の鷹司尚武《たかつかさなおたけ》、全国神社総代会会長の三村明夫、神政連国会議員懇談会会長代行の中曽根弘文、日本宗教連盟理事長（当時）の齋藤明聖《あきさと》、靖国神社宮司（当時）の徳川康久らが出席。会場には約一八〇〇人の神社関係者らが集まった。元衆院議長の神職、綿貫民輔の先導で聖寿万歳を奉唱し、神社本庁設立七〇年を祝って閉会したという。

神社界の人々からみれば、神社本庁の歴史は「失地回復の七〇年」ということになるだろうか。

敗戦によって神社神道は国家という後ろ盾を失い、「一宗教」として再出発することを余儀なくされた。占領下には知恵をめぐらして生きぬき、建国記念の日制定（一九六六年）で息を吹き返すと、その余勢をかって靖国神社国家護持運動、元号法制化実現運動、東京裁判史観払拭を謳った歴史見直しの運動などを展開……。保守派の国民運動には決まって彼らの影が見え隠れしている。

神社本庁は、秋篠宮さまのお話にもあるように、敗戦によって神社が国家の管理から切り離されたことを契機に、皇典講究所《こうてんこうきゅうじょ》（国学院大学の設立母体）、大日本神祇会《だいにほんじんぎかい》（神職の全国組織）、神宮奉斎会（伊勢神宮の崇敬団体）が中心になって一九四六年に結成された。結成当初は東京都渋谷区若木町（現在の同区東四丁目）にあり、八七年に明治神宮北参道に隣接する同区代々木一丁目に移転、現在に至る。

†GHQの神道指令

さて、話は終戦直後にさかのぼる。

敗戦からちょうど四カ月目の一九四五年一二月一五日、連合国軍総司令部（GHQ）による覚書「国家神道、神社神道ニ対スル政府ノ保証、支援、保全、監督並ニ弘布ノ廃止ニ関スル件」が日本政府に提示された。いわゆる神道指令である。

一二月一七日付『朝日新聞』は、近衛文麿元首相(一八九一—一九四五)の服毒自殺を一面で報じたが、同じ一面でこの覚書について、「国教の分離を指令　神道より軍国主義払拭」の見出しの下、より紙幅を割いて、次のように報じている。

「連合軍司令部は一五日指令を発し、神道の国家からの分離、神道教義より軍国主義的、超国家主義的思想の抹殺、学校からの神道教育の排除を命令した」。ここで言う「超国家主義」は、個々人は国家に服従すべきだと考える国家主義の極端な形態を指す。戦時下の日本やドイツがその典型だ。

この記事では、GHQによる指令の骨子も掲載している。GHQが当時の神社神道をどう認識し、どう改革しようとしていたかが分かる内容なので、以下、引用する。

一、日本政府ならびにその官吏は神道の後援、宣伝、統制などを公的資格で行うことを禁ぜられ、また神道の教義、行事、儀式、祭典、慣習等において軍国主義的、超国家主義的思想の宣伝は全面的に禁止される。さらに公的機関によって全部ないしは部分的に補助されている教育機関はいかなる形によるも、また、いかなる方法によるも神道教義を宣伝することをえない

一、しかしながらこのことは神道各宗派の存在を否定するものではなく、また神社

神道もこれが国家から分離されて政治的要素が払拭されれば、神道の一宗派を形成することができる

一、政府官吏は公的な資格において就任、政情の報告等のため神社に参拝することを許されず、また祭典、儀式等に政府代表として出席することはできない

一、官費により部分的ないしは全面的に補助を受けている教育機関は、ただちに神道教義についての教育を停止する

一、神社の管理、統制に関する法制は撤廃され、神祇院も廃止される

ＧＨＱによる指令の骨子を示した上で、この記事は、ＧＨＱの狙いを次のように解説している。

「この指令の目的は『日本国民に戦争犯罪を犯さしめ敗北、苦痛、窮乏ならびに現在の嘆かわしい境遇に追いやった思想の支持のために、日本国民が負わされていた強制的な財政負担から国民を解放』するとともに『永遠の平和と民主主義の理想に基いた新日本建設』に国民生活を指向せしめることにある旨が指令の前段に指摘されている。しかしてこれらの目的達成のために国教の分離が指令され、同時にあらゆる宗教からの軍国主義的および狂信的国家主義の抹殺、官公教育機関における神道教育の禁止が命ぜられることとなっ

た」

†戦後の神社界と葦津珍彦

「この国教分離の指令は皇室の神道の宗主としての地位ならびに従来のわが国体観念に根本的改革を要求するものであり、同時に従来国家の手で行われていた神道祭典も今後は皇室の家族的行事として行われることになり、神道は日本宗教界の一宗派としてのみ存在を容認されることになった」

神社神道がGHQのこの指令に憤激し、危機感をもったとしても何も不思議ではない。当時を回顧する次の文章からも、そのことは見て取れる。

「近代諸国家に一般的におこなわれている『政教分離』(国家と教会との分離)の概念をはるかに通り越して、神道に対し特にきびしいもの」「占領軍は、仏教などに関しては比較的おだやかに対処(キリスト教についてはむしろ積極的に奨励)しながら、神道に関してはきわめて厳格に指令事項の適用を迫った」(『近代神社神道史』神社新報社、一九八六年)

「神道人の多くは国家と神社の制度的分離が指令されるだろうことは、早くから予想はしていた。しかし、この指令を読んで、予期した以上の冷厳かつ深刻なる神道の弾圧であることに粛然たらざるをえなかった」(『神社本庁史稿』神社本庁、二〇〇六年)

この時期、神社界の生き残りをかけて奔走したのが、戦後神社界のイデオローグ、葦津《あしづ》珍彦《うずひこ》(一九〇九―九二)だった。『戦後の神社・神道』(神社新報社、二〇一〇年)は、「戦後の神社史に葦津珍彦がいなかったならば、神社界のその後の歩みは今とは全く違ったものになっていたかもしれない」と記している。

葦津珍彦は、福岡・筥崎宮《はこざきぐう》宮司などを務めた葦津磯夫《いそお》の次男、耕次郎の長男として生まれた。父耕次郎は社寺工務所などを経営しながら「神道浪人」として各地を飛び回った傑物で、珍彦は小学生のとき、右翼の草分けである玄洋社の頭山満《とうやまみつる》に付き従って上京した耕次郎に同行し、東京で育った。一時期、アナキズム・社会主義に傾倒するものの、父や頭山の影響で神道に回帰し、戦後は神社界の失地回復に貢献した。

葦津は神道家にして保守派の思想家だったが、鶴見俊輔ら戦後日本のリベラリズムを代表する文化人が集まった「思想の科学研究会」とも交流をもっていた。同会の機関誌『思想の科学』に掲載された葦津のインタビューからは、彼が東京裁判をどう見ていたのかが、はっきりと伝わってくる。

「裁判などといわずに、戦争の明らかな継続として、つまり、戦闘をするのだ、懲罰をするのだという姿勢をとるならば、あれほど嫌な感じはしなかったと思う。それを公平な文明の裁判だという偽善が、私には不愉快だった。戦中は、東条首相は当然裁判にかかるべき犯罪人だと信じていたが、裁判が始まってみると、だんだん弁護人的な気持ちに変わっていったんです」（『思想の科学』一九六八年六月号）。

このインタビュー記事で聞き手を務めた鶴見には、「葦津珍彦――日本民族を深く愛した人」というエッセーがある。それによれば、晩年の葦津が鶴見宅を訪れ、「近いうちに死ぬと思うので、言っておきたいことがある」と切り出し、こんな話をしたという。

「敗戦と米軍占領をむかえて、これから自分は天皇の弁護人になろうと思った。弁護人の役割を自分で引き受けたからには、被告について不利なことは言わない。だが、天皇のもつ悪い面をしらないということではない。このことをあなたに言っておきたかった」「あなたとの付き合いの間、私は、あなたの書かれたことを一度も引用したことはない。それは、私に引用されることで、あなたに迷惑をかけることを避けたからだ。／この二つのことだ」（『思想をつむぐ人たち　鶴見俊輔コレクション1』河出文庫、二〇一二年）

葦津がいかなる覚悟をもって戦後日本と向き合い、どのような人柄であったかが伝わってくるエピソードである。

『戦後の神社・神道』は葦津珍彦について、「なぜ神社界の長老は、若く神職の経歴も全くない一人の男に、神社界の運命を決する選択を委ねることになったのか」との問いを立て、その理由を、本人の理論的思考・知識・行動力に加えて、葦津珍彦には父が培った人脈・信用があったと説明している。

一九四〇年、死の床にある耕次郎のもとに、今泉定助、高山昇、宮川宗徳、吉田茂、池田清、緒方竹虎、高階《たかしな》研一、秋岡保治、頭山満、井上孚麿《たかまろ》ら神社界の指導者や神社界と深いつながりのある人々が見舞いに駆け付けた。耕次郎は「死後は珍彦を俺だと思って、お付き合いいただくことを唯一の遺言としたい」と懇願。見舞客らは、父子が「天皇国日本」の理想実現を求め、一心同体のように活動していたことを知っていたため、耕次郎との約束をしっかり守ったと、『戦後の神社・神道』は記す。

†葦津の予見

敗戦直後の神社界は混乱をきわめていた。神社行政を管掌した国家機関「神祇院」(一九四〇―四六)は一九四五年八月一八日付通達で、「神社の祭祀は、あらゆる困難を排し、能《あた》う限りの方途を尽くして之が厳修を期す」「毅然たる態度をもって、臨機の措置により、あくまで神聖奉護に万全を期す」と全国の神社に指示を出していた。

しかし、そんな楽観的な見通しはありえまい、と葦津は考えていた。

「自分は戦時中、自由奔放に大陸の戦線を歩き、首相官邸や新聞社で国際情勢資料を注目し、祖国の敗戦やむなしと予断したのは意外に早かった」と述懐し、神社神道に降りかかるであろう、未曾有の危機を冷静に分析していた。

「敗戦後の祖国を予想すれば、連合国が天皇・陸海軍・神社に致命的な打撃を加えるのは明らかだと推断した。無念千万だが、占領中に神社組織が分断分裂されて、日本精神が影もなく外力によって破砕されるのをできるだけ回避するため、ともかく大合同が必要と感じた」（『神社本庁の四十年』一九八七年）

「特に一九四五年一〇月のいわゆる『自由の指令』が出て後の海外からの新聞・電報は、連合国世論が日本神道に対して有する関心の極めて深く、かつ重大なることを想像せしむるに十分であった。／今や、内務省神祇院を中心とする従来の神社制度が、決定的な解体を余儀なくせられるであろうことは既に明らかであった」（『肇国』一九四八年八月号）

日本の敗戦をいち早く察知し、葦津が示した予見は、敗戦後、ことごとく現実のものとなった。

葦津は終戦直後、神宮奉斎会の宮川宗徳（後に神社本庁事務総長）と皇典講究所の吉田茂（首相とは別人。元内務省神社局長）を訪ねた際に、吉田から「東久邇宮内閣の実務中枢は緒方竹虎書記官長だ。君は緒方君と親しいし連絡しろ」と言われ、ただちに緒方のもとへ向かっている。

緒方は葦津の訴えに耳を傾け、すぐに内相の山崎巌に話をするも、内相は「神社への干渉などはありえない」と言って聞く耳を持たなかったという。その二週間後、内相はGHQから罷免され、東久邇宮内閣はわずか二カ月で瓦解した。

対日処理方針を定めたポツダム宣言（一九四五年七月二六日）にはこうある。

「日本国政府は日本国国民の間における民主主義的傾向の復活強化に対する一切の障碍を除去すべし。言論、宗教および思想の自由ならびに基本的人権の尊重を確立せらるべし」

『近代神社神道史』『神社本庁の四十年』によると、葦津や吉田、宮川らは、この方針を目にして、占領軍は必ずや神社の大変革を求めてくると直感したという。だが、政治家・官僚たちは事態の深刻さを理解しようとしなかった。ならば、自力でやるしかない。

†三者協議

「内務省など相手にできない。神主の自力で急ぎましょう」

大日本神祇会などに呼びかけ、新組織づくりが始まった。

三者（皇典講究所、大日本神祇会、神宮奉斎会）が会合を持ったのは一九四五年一〇月二五日。『神社本庁十年史』（神社本庁、一九五六年）によれば、会場は東京・麴町区（現在の千代田区）富士見町の神宮奉斎会。約二〇人が集まった席で、葦津珍彦が主宰するグループ「神道青年懇談会」は「神社制度変革ニ対スル私見」として、「十万余の全国神社は、各自独立せる民間の財団法人組織としてその祭祀を保存し、これらの神社は相集い全国神社連盟を組織する」などとする神社連盟案を提示した。その日は葦津らの私案を中心に話し合いがなされたが結論は出ず、三団体は継続して協議を行うことで合意した。

こうしたなか、皇典講究所の吉田茂はGHQ宗教課長のウィリアム・バンスと会談を持った。このとき初めて吉田は、GHQが「神社は宗教団体としてのみ存続が認められる」と考えていることを知った。

一九四五年一一月一三日、大日本神祇会を中心に起草した「神社教（仮称）教規大綱案」が、三団体による新団体設立準備協議会に提出された。この神社教案では、仏教教団の規則をまねた管長制のピラミッド型組織が目指され、教義決裁権のほか、官国幣社の大中小社・別格社以上の宮司の任免権が管長に与えられていた。

神社教案の存在を察知した葦津らは、東京・乃木神社に集まった。「一部に、『日本神社教』設立の議があるが、これは神社の本質に背反する愚案である」とする「『神社教』案ニ反対ス」という文書を作成。三団体の関係者に配布し、反省を求めた（『神社本庁十年史』）。その骨子は次のようなものだ。

一、神社神道には、固定的成文的な教義や定義のないことが大切な特色である。皮相浅薄な教義を成文的に規定するがごときは、惟神の大道に対する冒瀆である。
二、神社の本質は、あくまでも全国民的なものでなければならぬ。神社が自ら仏教、キリスト教などの一宗派、一分派と同様に、宗団的存在と化し、他宗派の国民と対立することは、神社の本義に反する。
三、本来、それぞれに独立せる神社である。それは伊勢の神宮の分所でもなく、中央本山の末寺でもない。強権的・中央集権的組織を非なりとし、自由なる連盟組織を主張するゆえんである。

この文書の最後では、神社界はいま危機に直面しているのであって、職業的神職の官僚主義を一掃しなければならないのに、神社教案はこの方針に逆行し、宗団の中枢部を私有独占しようとするものであり、神社永遠の将来のために、断じて反対せざるをえないと、激しい非難の言葉を浴びせている。

葦津らの批判は、神社行政を管掌した国民教化の中心機関「神祇院」に向けられた。一例を挙げれば、神社教案は「思想的・内容的には神祇院的色彩が著しく濃厚」(『肇国』)だと指弾している。辛辣な調子で書かれた「『神社教』案ニ反対ス」だが、彼の真意はそれだけではなかった。

「新教義をたてようとすれば、GHQの指示に従ってマッカーサー教にだってなりかねないと思った」(『神社本庁の四十年』)。葦津は当時を振り返って、そう語っている。

すなわち、神社教案が現実のものとなれば、強大な権力をもつ統括団体が神社界に誕生することになる。GHQがこの団体に圧力をかければ、全国の神社を従わせることも可能だろう。しかも占領下では、いくら管長に教義決裁権が与えられているとしても、満足のいくものとはならないはずだ。ならば、何人にも「教義の正否を決する」権威は認めないほうがいい。維持・管理は各地の神社に任せるようにし、統括団体の指示で各地の神社が簡単に動かされないようにすることが肝心だ、と。

だが、その後も混乱は続いた。一一月一三日に開催された新団体設立準備協議会では、吉田茂と宮川宗徳が葦津の案(「神社連盟案」)に賛成したため、収拾がつかなくなった。吉田の裁定で、新団体は教団ではなく公益法人とする方向で議論を進めることとし、団体名は「神祇庁」とすることが示された。

宮川の調停もあって、一一月下旬には第一回神祇庁設立準備委員会を開催。団体名は「神祇本庁」に決まり、一二月に入って構想はまとまりかけたかに見えたが、「神道指令」が出され、事態は一変した。

†ＧＨＱの懸念と伊勢神宮

それまでのＧＨＱとの交渉では、皇祖神である天照大神を祀る伊勢神宮など皇室に関係の深い神社は、宮内省による所管を認める方向性が示されていた。ところがＧＨＱは「伊勢神宮を一般の神社から区別して皇室の所管とするならば、そのときは、伊勢神宮は皇室の祖廟（祖先を祀る御霊屋）として単に皇室のみの祭祀の場所とし、一般国民の崇敬や参拝は一切禁止する」というのである。

ＧＨＱからすれば、伊勢神宮を皇室の祖廟とすると同時に、一般国民の信仰の対象とすることは、政教分離の原則が徹底されないため、到底認められるはずもなかった。皇室の祖廟とするか、国民の信仰の対象とするか、どちらか一つを選べと迫られた神社側は、天皇のお許しをえて後者の道を選ぶほかないと判断、宮内省による伊勢神宮の所管をあきらめた。

さらに、一二月二三日には皇室祭祀令が廃止された。これにより、宮中祭祀（皇居の宮中三殿で天皇が執り行う祭祀。戦前は公務とされた）は皇室のみの私的な祭典とされ、全国の神社で行われる祭儀は皇室の祭典ではなくなった。こうして、伊勢神宮と皇室の公的な結びつきは断ち切られた。

†神社本庁の誕生

この時期のＧＨＱは、矢継ぎ早に宗教制度改革を打ち出している。

一九四五年一二月二八日には宗教法人令が公布された。当初、「神社」は含まれていなかったものの、一二月一五日にはすでに神道指令が発令されており、神社は国家による管理から外れることになった。「神祇本庁構想」は宗教法人化へと練り直しが必要となり、四六年一月一八日、新団体の名称も現行の「神社本庁」に変更。神道人結集の中核に皇祖を祀る伊勢神宮をすえることで、神社の直面する新事態に対応していくことになった。

こうして、一九四六年二月三日、宗教法人神社本庁が結成された。統理代務者（その後に統理）には熱田神宮宮司の長谷外余男《とよお》、事務総長には宮川宗徳が就任した。

宗教法人神社本庁の発足に先立つ一九四六年一月二三日、設立総会が旧全国神職会館で開かれた。会館は戦時中に流行した、洋式建築に日本の城のような屋根を載せた和洋折衷の建築「帝冠様式」で、東京大空襲の難を逃れた（地上三階、地下一階の鉄筋コンクリート造）。設立総会には、全国から約二〇〇人の神職らが参集。設立にあたっての声明文が決議された。

「（前略）我ら神社人は深く慮るところあり、世界の趨勢とその将来とに鑑み、ここに全国神社の総意に基づき本宗（根本最高の神社）と仰ぐ皇大神宮（天照大神を祀る伊勢神宮内宮）のもとに、全国神社を含む新団体を結成し、協力一致、神社本来の使命達成に邁進し、もって新日本の建設に寄与せんことを期す」

設立総会は、万歳三唱の熱気のうちに終わった。その夜、神社本庁設立のニュースがラジオで流れた。「神社本庁」を冠にした設立の一報が国民に知らされたのはそれが最初のものである（『神社本庁十年史』）。宗教ではない国民道徳を司る公的な存在から、日本最大規模の宗教法人へ。神社本庁が産声をあげた。

†宗教法人法への不満

神社本庁設立から五年、急遽つくられた宗教法人令を改める「宗教法人法案」が国会に提出された。一九五一年四月二三日に開かれた参院文部委員会では、諸団体の代表者を参考人に招き、意見聴取が行われた。これに出席した神社本庁理事の富岡盛彦（富岡八幡宮宮司）は、「神社は日本固有のもので、他宗教とは異なる特性をもつ。よって、その特性を生かすために、なるべく神社法といったものの制定が望ましい」と陳述している。

富岡は法案には賛成したものの、できることなら神社をのみ対象とする法律がほしいとやんわりと訴えて陳述を終えた。当時の神社界には、宗教法人法（むろん宗教法人令も）

への不満が渦巻いていたようだ。仏教やキリスト教など、他の宗教といっしょくたにされることへの抵抗があった。

『神社新報五十年史』（神社新報社、一九九六年）には「宗教法人法に不満を漏らした高階総長」との見出しのついた記述がある。「高階総長」とは、一九四九年から五三年まで神社本庁事務総長（第三代）を務め、橿原神宮宮司でもあった高階研一である。

「宗教法人法案」に対する高階ら神社本庁側の不満の一つは、信徒代表の責任役員が宗教法人の運営管理にあたる「責任役員制」の導入にあった。神社側は、「信徒代表である氏子崇敬者は神社経営の経験が十分ではない。法人の中心的位置を占めるべきは宮司だ」と主張。神社界にとって、譲れない一線だったようだ。

当局との交渉で、高階らは神社界の事情を再三訴えた結果、「（責任役員の代表者である）代表役員には宗教人、信徒のいずれが就いてもよい」ことになり、神社本庁の庁規に「神社法人の代表役員は宮司があたる」と記すことで、ようやく一件落着した。

それでも高階らには不満が残った。なぜなら、日本の宗教法人の大半が神社神道、つまりは神社本庁加盟の団体（神社）だったからである。「神社が日本中の全宗教法人の半数であるというのに、なぜ神社の実態に即した法律を作ろうとしないのか。これでは日本の事情をまったく考慮していない悪法ではないか」。『神社新報五十年史』はそう記した。

『戦後神道界の群像』は、『神社新報編集室記録』(一九五六年)の一文を引いて、高階の不満の理由を明快に示している。「特殊の歴史性を有する神社が新興の宗教教団などと同一の法で規定されることに対して、高階自身が極めて不満を漏らしていた」

†神社界の苛立ち

戦前の神社は国家の宗祀とされ、宗教を超えた国民道徳の淵源に位置するとされた。神社神道は公的存在だった。

行政組織のあり方にしても、他の宗教とは違っていた。内務省社寺局が内務省神社局(神社神道)と内務省宗教局(仏教、教派神道、キリスト教など)とに分かれたのは一九〇〇年。その後、宗教局は文部省に移管される一方で、神社局は四〇年に、内務省の外局である神祇院に昇格している。つまり、神社は特別な存在だったのである。

『神社新報五十年史』には、神社側の意識が見て取れる描写がある。宗教法人法が成立した直後に文部省宗務課長が神社新報社を訪れ、イヤミを言ったという場面である。

役人「法案が成立した翌日には、各宗教教団の教祖や管長級の人が役所に来て、それぞれに挨拶をされ、礼を述べられた。ところが神社本庁は実に冷淡だった。数日してから後に庶務課長が代理で挨拶に来ただけですよ」
新報「役所に挨拶をしなければいけないのですか」

ここに描かれた官僚の態度には、現代にも通じるものがあるが、神社側の意識も透けて見える。『神社新報五十年史』には、こうした官僚や中央官庁に対し、どう対峙していくか、社員同士で話し合いをもったことも記されている。

官尊民卑の消しがたい役所の風潮と、卑屈に挨拶をせねばならぬと思って動く日本の宗教界の動向に、社員そろって「こんな気風は何としても打破しなければならない（略）」と相談をしあった。

役所に対し、「卑屈に挨拶をせねばならぬと思って動く日本の宗教界」とあるが、当時の事情を考えれば、それもやむをえないところがある。六年ほど前まで日本の宗教界は、宗教団体を所管とする宗務課を含む官憲の指導・監視下にあり、弾圧におびえていた。「宗務課ににらまれたくない」と、自己防衛に走ったとしても何ら不思議ではないだろう。

宗教法人法施行にともない、文相の諮問機関「宗教法人審議会」が設置され、「神道系委員」として熱田神宮宮司の長谷外余男と、学識経験者として国学院大教授の折口信夫《おりくちしのぶ》の二人が任命された。全委員数は一五名。神道系以外の内訳は仏教六人、教派神道二人、キリスト教二人、新宗教団体二人、その他一人となっていた。

神社本庁側はこれにかみついた。『神社本庁十年史』はこう書き記す。

「かねて文部当局は神社系委員として、本庁へ宗教人三名、学識経験者一名、合計四名の推薦を依頼しておきながら、何ら挨拶なく、ここに二名に減員して発令をみたことは、絶対多数の信奉者をもつ神社神道としては、他宗教との委員数のバランスから言っても不当である」

戦後の神社界の焦躁が手に取るようにわかるエピソードの数々なのだが、当然のことながら、神社界のイデオローグ、葦津珍彦も、こうした神社界の苛立ち、異議申し立てを共有していた。その一つに、戦前の軍事独裁や宗教弾圧と関連づけて語られることになった「国家神道」という言葉、イメージの問題がある。

†葦津の基本戦略

宗教学者の島薗進《しまぞの》は、葦津珍彦とその弟子たちの「怒り」のさきに、深謀遠慮の戦略が見て取れると指摘しているので紹介しよう。

島薗は、葦津の著書『国家神道とは何だったのか』（神社新報社、一九八七年）などを引き、「葦津にとって、戦前の国家神道とは行政官僚が神社を支配し、神社は宗教活動が制限されていた時期の、けっして厚遇されたとはいえない神社神道を指すのだという。このように神社が神道本来の活動から遠ざけられていた時代のあり方を、あたかも神社界が権力と一体となって跋扈し、悪しき国運を招いたかのように描き出すのは妥当ではないと葦津は論じている」（『国家神道と日本人』岩波新書、二〇一〇年）と、葦津の主張をまとめている。

島薗によれば、国家神道とは明治維新以降、国家と強く結びつき発展した神道の一形態を指す。皇室神道、神社神道、国体（天皇中心の国家体制）の教義から構成され、それらを学校・軍隊での教育勅語や軍人勅諭、皇室祭祀と深く結びついた祝祭日、天皇崇敬を説くメディアが結びつけていた。これらの総体が国家神道にほかならないという定義づけだ。ところが葦津らは、国家神道を狭く解釈し、皇室祭祀が戦前の日本社会に大きな影響力を及ぼしたことには触れようとしない。「そこには皇室祭祀・皇室神道を宗教、神道としては捉えないという断固たる戦略が見て取れる」というのである。

なぜか――。それは、皇室祭祀・皇室神道がもし「宗教」なのであれば、戦後の新憲法が政教分離（信教の自由を保障するため、政治権力と宗教を分離させる仕組み）を原則とする以上、その制約下に置かれることになる。ところが、皇室の祭祀・神道が「宗教」ではないとすれば、国民全体を包み込む公的制度としての意義をもちうることになるだろう。葦津の基本戦略はここにあると、島薗は考える。葦津が敷いたこのレールは今なお踏襲され、葦津門下の一人、国学院大学教授の阪本是丸《これまる》らに受け継がれている。

葦津珍彦が一九九二年にその命を閉じて、今年（二〇一八年）で二六年。「葦津なくして今日の神社界はなし」と言われる所以である。

第四章 神社界の反撃

†奉祝中央式典

二月一一日の「建国記念の日」。例年と同様に二〇一八年も全国各地で賛成・反対両陣営の集会が開かれた。

東京・明治神宮会館では、神社本庁や日本会議系団体が勢ぞろいした「日本の建国を祝う会」が奉祝中央式典を催した。事務局を神社本庁におくこの団体によると、約一二〇〇人が参加し、神武創業の精神に思いをはせたという。

午後一時から始まった式典は、記念式典と記念講演、和太鼓演奏の三部構成。開会挨拶を同会の副会長・網谷道弘が務めた後、正面の日の丸を介し、「初代天皇」神武天皇を祀る橿原神宮（奈良県橿原市）に向かって二拝二拍手一拝の作法で遥拝。次いでピアノの伴奏つきで国歌「君が代」を二回歌った後、参加者全員が席に着いた。

同会会長の大原康男は主催者として挨拶に立ち、紀元節（神武天皇が橿原の宮で建国した日とされる戦前の祝祭日）と、戦後の建国記念の日の成り立ちについて、次のような話をした。

「国民の紀元節に対する熱い思いはいささかも衰えず、昭和二七（一九五二）年に対日講和条約が発効した直後から澎湃《ほうはい》として始まった紀元節復活運動は年々勢いを増し、遂に廃止後一八年を経過した昭和四一（一九六六）年に祝日法が改正され、建国記念の日として復活したのでした」

壇上には大原、網谷のほか、自民党副総裁の高村正彦、希望の党参院議員団代表の松沢成文《しげふみ》、日本維新の会女性局長の石井苗子《みつこ》、アルバニア共和国特命全権大使らの顔が見える。日本会議会長の田久保忠衛、同事務総長の椛島有三、統一教会と関係の深い国際勝共連合事務総長の横田浩一、日本の建国を祝う会理事の今林賢郁らも登壇していた。

この日の祝典で開会の挨拶をした網谷道弘は、明治神宮の権宮司でもある。二〇一七年一一月の「日本会議二〇周年記念大会」では、日本会議理事長（一六年就任）として大会宣言文を読み上げている。大原康男は国学院大名誉教授（宗教行政論）で、日本会議政策委員会代表でもある。天皇の退位をめぐり政府が立ち上げた「天皇の公務の負担軽減等に関する有識者会議」で意見陳述をした、皇室問題の専門家だ。

今林賢郁は国民文化研究会（国文研）の理事長を務める。国文研は幕末の思想家、吉田松陰の縁戚にあたる小田村寅二郎《おだむらとらじろう》が長らく主宰。六〇年代後半、学園紛争が激化する中で、国文研は椛島有三ら民族派学生運動家に多大な影響を与えた。少し後の時代になるが、「新しい歴史教科書をつくる会」元会長で、日本教育再生機構理事長の八木秀次も国文研の出身である。

横田浩一が事務総長を務める国際勝共連合は、韓国に拠点を置く世界平和統一家庭連合（旧統一教会）と近い関係にある政治運動団体。安保法制反対を掲げた学生団体「ＳＥＡＬＤｓ」に対抗し結成された「勝共ＵＮＩＴＥ」は、国際勝共連合傘下の学生組織。各地の街頭で「憲法改正」「安倍政権支持」「反共」を訴えている。

日本会議第四代会長の田久保忠衛は、時事通信外信部長などを務めた国際関係の専門家で、杏林大学名誉教授。旧民社党系知識人の集まりである「政策研究フォーラム」の機関誌編集などに携わってきた。この日の式典では、皇室の弥栄《いやさか》を祈る聖寿万歳を先導した。

第二部で講演をした伊藤哲夫は、安倍のブレーンとして知られる。「現憲法破棄・明治憲法復元」の実現を目標に掲げていた「生長の家学生会全国総連合」で、一九六〇年代後半から七〇年代初頭にかけて椛島有三、衛藤晟一らとともに活動。伊藤はその学生組織で理論強化担当の役員だった。「建国を祝う会」の資料によると、親台湾組織「李登輝友の会」常務理事でもあるという。

式典では、安倍晋三・自民党総裁からの祝電、「建国記念の日がわが国のこれまでの歩みを振り返りつつ、先人の努力に感謝し、さらなる日本の繁栄を希求する機会となることを切に希望します」が読み上げられた。列席した高村正彦・自民党副総裁も祝辞を述べたが、両者とも、「建国を祝う会」が熱望する「政府主催式典化」にふれることはなかった。

いる。

†「日本の建国を祝う会」会長の応答

開会前、ステージ裏で取材に応じた主催者の大原康男は、記者たちの質問にこう答えている。

――今年はどんなお気持ちで臨んでいますか。

今年は明治維新一五〇年という節目の年に当たります。このような年にさらなる日本の伝統精神に則った国づくりの貴重な一歩を進めていきたい。

――改めてこの会の狙いを教えて下さい。

どの国でも建国の日、革命記念日を盛大に祝っています。しかし、占領中はいざ知らず、国全体としては進まないところがありますから、毎年、この日を期してこの国のありようを一人ひとりが考えてほしいという意味合いでやってきました。

――いまの日本の状況をどう考えていますか。

戦後の日本にとっては初めてに近い危機的状況にあると思います。であるがゆえに、父祖たちが欧米列強の侵略の脅威を背負いながら、必死にこの国を保っていこうとした。明治維新一五〇年という年に、さらなる一歩を進めて本来の日本を蘇生させていきたい。

――少なからず「建国記念の日」には反対の声もあります。

我々の集会の数と、反対派の行動の数は、大きな開きがありますよ。それでもニュースの扱いは半々。だから、メディアには、これだけの人を集め、全国的にどれだけの規模で式典、行事が民間団体としてやってきたかをぜひ公正に伝えてほしい。

とにかく、安倍首相が本年も自民党の総裁としてメッセージを送ってきてくれています。ありがたい。しかし、第二次安倍政権発足の際の衆院選公約には「政府主催による建国記念の日式典」があった。公約を果たしていただければと思います。


大原が言うように、自民党は政権復帰前の衆院選で、「政府主催式典の開催」を約束していた。だが、その式典は「宗教性」を帯びた内容になることが予想され、憲法二〇条の政教分離原則に抵触するおそれがあるとして、公約は果たされずにいる。

†「建国記念の日」反対陣営

二〇一八年二月一〇日、東京・神田駿河台の連合会館二階の大会議室で、「憲法と『建国記念の日』を考える二・一〇集会」が開かれた。主催は「フォーラム平和・人権・環境」。この日の集会では、「『明治一五〇年』と天皇の代替わり」の演題で、原武史放送大学教授の講演などがあり、自治労、日教組の組合員や平和運動家など約二五〇人が参加した。

主催団体の共同代表を務める藤本泰成は開会の挨拶で、政府による明治礼賛に関し、次のように語った。

「安倍首相は、佐藤栄作が行った武道館での明治百年記念式典を再現しようとしている。明治に目を向けさせ、全国で明治を賛美する行事をやろうとしている。明るい明治を書こうと思った司馬遼太郎は、日露戦争を境に明治とそれ以降を別物と扱った。それは違う。明治の政策や考え方の延長が、昭和の暗い時代をつくったのではないか」

さらに藤本は、「文化の日」を「明治の日」に変えようとする運動があることについて、こう語った。

「戦後、文化の日がどういう位置づけだったのか、私たちはもう一度考えなくてはいけない。戦前は明治節。戦後は『自由と平和を愛し文化を進める日』と理由を付けて制定した。日本国憲法が一一月三日に発布された。平和憲法の日だから文化の日だと。明治という時代をしっかりと俯瞰してその時代がなんだったのか、考えなければならない」

「建国記念の日」が制定されたのは一九六六年。それから半世紀が過ぎてもなお反対運動が行われているのはこの祝日ぐらいだろう。

東京・一ツ橋の日本教育会館で二〇一六年に開かれた「フォーラム平和・人権・環境」の集会で、講師役を務めた上杉聰（「日本の戦争責任資料センター」事務局長）は、建国記念の日制定についてこう指摘した。「東京裁判や公職追放で打撃を受けた勢力や人々が再結集を図った、そして成功させた最初の運動だった」

たしかに一九六六年の建国記念の日制定は、神社界にとって大きなターニングポイントになった。

†神社界と紀元節

「『紀元節復活』への動き」

こんな見出しの記事が、一九五四年一月三日付「朝日新聞」朝刊に載った。「来月十一日に祝賀計画／神社本庁も祭事を通知」「愛国心の切札／自由党でも大乗り気」との小見出しが躍る。きわめて国家主義的色彩の強い祝日として、紀元節は戦後の祝日法施行（一九四八年）を契機に廃止されたのにもかかわらず、近年、神社勢力を中心にその復活を図る動きが活発化しているという内容だ。

この記事のリードにはこうある。「紀元節をはじめ古い祝祭日の復活問題が再び燃え上がろうとしている。この問題はこれまでも国会で幾度か論議されながら、世論の反対で復活が阻止されてきた。しかし、紀元節の復活を熱願する人たちは、根強い草のように、踏まれてもふまれても、ことあるごとに芽を出そうとする」

「昨年末（一九五三年一一月）、『建国記念日（紀元節）制定促進会』が設けられ、来る二月一一日には東京・日比谷公会堂の中央会場をはじめ、全国の地方会場で紀元節祝賀式を行う計画が進められている。神社本庁でも全国の神社に当日一斉に紀元節祭事を行うよう通知している」

「一部では、神武天皇祭や明治節の復活も熱望されている。紀元節は、かつて、科学的考証の薄弱という決定的理由のほかに、再軍備、逆コース、天皇制の強化につながるものとして、きびしい反対論が集中した」とし、そのほとぼりも冷めないうちに、「国民の郷愁」に訴えて紀元節を復活させようとするこの度の動きには注意を要する、と結ばれている。

『神社本庁十年史』によれば、一九五四年二月一一日に、建国記念日制定促進会（代表者・若林義孝＝自由党衆院議員）と東京都神道青年協議会が、東京・日比谷公会堂で第一回「国の始めを祝う会」を開催している。翌年二月一一日には、同じ会場で「国民祭典執行委員会」（代表・鷹司信輔＝明治神宮宮司、神社本庁統理を務めた旧華族）主催の「紀元節奉祝の集い」が催されたという。

先に紹介した朝日新聞の記事も、『神社本庁十年史』の記述も、一九五四、五年当時の話だ。だが、「紀元節」をめぐって神社界が立ち上がったのは、この時が初めてではない。

†GHQと新祝日案

一九四七年一二月、GHQが政府に対し、祝祭日の改廃を勧告したのを受けて、片山哲内閣は「新憲法下の国民生活にふさわしい祝日」を新たに定め、翌年から実施する方針を打ち出した。

そのとき政府が提示した新祝日案は、次の一一日案だった。
①新年（一月一〜三日）、②紀元節または建国の日（二月一一日）、③児童の日（三月春分の日）、④天長節（四月二九日）、⑤労働祭（五月一日）、⑥お盆または祖先の日（七月一五日、八月一五日）、⑦児童の日（九月秋分の日）、⑧憲法記念日（一一月三日）、⑨新穀感謝の日（一一月二三日）、⑩国際親善の日（一二月二五日）、⑪平和記念日（将来の平和条約締結日）。
ところが衆参両院の文化委員会は、この政府提案に同意しなかった。「いやしくも国をあげての、かつ国民こぞっての祝日である以上、国民の代表者たる我々自身の提案により、国民大衆が納得のゆく決定をなすべきだ」との見解のもと、GHQの了解をえて、国会に

おいて祝日法を作ることになったという。

京都産業大名誉教授の所功が書いた『「国民の祝日」の由来がわかる小事典』によると、国会では審議に先立って、宮内庁・文部省など関係省庁の官僚をまじえた会合が開かれている。これにより、「新憲法の精神に則り、平和日本、文化日本建設の意義に合致する」こと、「国民の全体が、こぞって参加し、共に喜びうるものであること」という二大方針にもとづき、新しい祝日を選ぶことになったという。

この会合では、祝日を選定する際の具体的な基準も定められた。

主なものを示すと、①国家神道に由来し、国民生活との関係の薄いものは除く、②歴史的根拠の薄いものは再検討する、③国民の生活感情を重んじ、新憲法の精神に背かない限り、なるべく伝統を尊重する、④伝統になくても、文化国家にふさわしい、建設的であり文化的なもので、国民のために必要と思われるものは、新しく取り上げる、⑤季節のもつ意味を尊重する、⑥祝日の全体に、一貫した意義を持たせること、すなわち、国家・祖先・同胞・青年・子供など、国民全般をおおうような項目をたてる、など。

これらの基準はＧＨＱに配慮したものだった。

†カレンダーから消えた紀元節

衆参両院の文化委員会は、二月一一日を「紀元の日／国始祭」（衆院）、「建国の日」（参院）とする案を盛り込んだ新祝日案をまとめた。この法案を国会に提出するには、事前にGHQの「了承」を得ておく必要があった。

GHQの宗教課長・バンスは「二月一一日」の取り扱いに関し、「この日が許さるべきでない根拠は、神話的起源の日であるからだけではなく、むしろそれが……超国家主義的概念を公認し、かつ一般占領目的に背くものだからである」という、民間情報教育局長ニュージェントの覚書を持ち出し、真っ向から反対した。

紀元節が廃止されるかもしれない――。神社界は廃止阻止のため、時をおかず動き出した。『神社新報五十年史』には、当時のことがこう記されている。

「その時神社界は総力を結集して立ち上がった。これこそ伝統の護持復活に最もふさわしい運動だと認めたのである」

葦津珍彦が論陣をはった『神社新報』は、紀元節を存続させるべく、その重要性について紙面を通じ訴えた。全国の神職たちも、氏子区域を精力的に歩き回り、紀元節がいかに大切かを説いた。

一九四八年七月、衆院本会議で祝日法が可決された。文化委員長を務めた小川半次は、委員会審議についてこう報告した。

「(祝日法の)第二条は、国民の祝日を具体的に列挙いたしております。選定は、第一には新憲法の趣旨にそうべきこと、第二には国民大衆をあげて納得し、参加しうべきものでしたので、国家神道的な色彩はもちろん払拭されています。なお、ここに列記した九つの祝日以外に、なお二つの祝日『国始めの日』と『平和の日』を設けることを、委員全員一致で決定しました」

「紀元節ないし建国の日は、世論調査その他でも示された通り、国民大衆の最も熱望していたところです。それを十分に参酌しまして、国の誕生日を祝う意味で、『国始めの日』を設けようとしたのですが、これを置くべき日付の確定案をえず、ついに保留するのやむなきに至りました。また、『平和の日』は講和条約が締結されたならば、その日をもってこれにあてたいので、これも保留とした次第です」

こうして九つの祝日が決まった。以下、列挙する。カッコ内は、条文からの引用である。
①元日(一月一日、年のはじめを祝う)
②成人の日(一月一五日、おとなになったことを自覚し、みずから生き抜こうとする青年を祝いはげます)

③春分の日（春分日、自然をたたえ、生物をいつくしむ）
④天皇誕生日（四月二九日、天皇の誕生日を祝う）
⑤憲法記念日（五月三日、日本国憲法の施行を記念し、国の成長を期する）
⑥こどもの日（五月五日、こどもの人格を重んじ、こどもの幸福をはかるとともに、母に感謝する）
⑦秋分の日（秋分日、祖先をうやまい、なくなった人々をしのぶ）
⑧文化の日（一一月三日、自由と平和を愛し、文化をすすめる）
⑨勤労感謝の日（一一月二三日、勤労を尊び、生産を祝い、国民たがいに感謝しあう）

所功は『「国民の祝日」の由来がわかる小事典』で、「いたずらに国家や伝統を否定し神道を非難する声のかまびすしかった当時、従来の祝祭日をそのまま新祝日名とすることは不可能であったにちがいない。むしろ、その日取りをみると、元日、天皇誕生日、文化の日は従来から国家的な祝典の行われてきた祝日であり、また、春分の日、秋分の日、勤労感謝の日は従来から神道的な祭儀の行われてきた祭日である。それらが新しい祝日になりえたのは、名（旧名）を捨てても実（日取りと意味づけ）を残そうとして、当時の関係者たちが精一杯努力した成果、と評価してもよいだろう」と指摘する。

かくして紀元節は、カレンダーから消えた。

†「建国記念の日」成立

だが、全国の神社では「紀元節」復活のための抵抗運動が続いていた。その中核を担ったのが「神社新報」だった。

『神社新報五十年史』によると、GHQは「紀元節こそは最も神道指令の禁ずるものの代表」だと考えていた。

当時の神社本庁は、GHQの監視下にあった。このため、「紀元節」復活運動に取り組みたくても、それができなかった。GHQの知るところとなれば、解散を命じられるかもしれない。そこで、運動の一切を任されたのが神社新報社だったという。とはいえ、「神社新報」を通じて世論に訴えるほかは策もなく、全国的な運動に広げることが、なかなかできずにいた。

大きな転機をもたらしたのが、吉田茂首相の国会での答弁だった。一九五一年三月九日の参院予算委員会で、後の衆院議長、櫻内義雄から独立・自由、愛国的精神の高揚に何が必要かと問われた吉田は、こう答えた。

「いずれの国においても建国祭、建国記念日を祝することは当然でして、日本としても絶えず講和条約ののち紀元節は回復いたしたいものと私は考えます」

この発言が、「紀元節」復活をめざす神社界などを勢いづけた。

一九五二年一月、自由党文教部会が「紀元節復活」方針を決定。五四年一月には神社本庁などが参画し、「建国記念日（紀元節）制定促進会」が発足した。

この年の一月と二月にNHK放送文化研究所が実施した世論調査では、紀元節復活に賛成の者が八四・五％、八七・四％で、反対が六・一％、四・五％、紀元節は「二月一一日がよい」は七四・二％、七三・三％だった。

一九五七年には「建国記念の日」を盛り込んだ祝日法改正案を、自民党が国会に提出している。衆院では可決されたが、参院では社会党などの反対で審議未了、廃案となった。

幾度かそうした攻防をへて、一九六五年三月、第一次佐藤栄作内閣が初の閣法（政府提出法案）として、祝日法の改正案を上程。「敬老の日」「体育の日」との抱き合わせで、「建国記念の日」の成立をめざし、二度目の閣法提出となった六六年に可決した。

ただし衆院議長から、「祝日法は会期中に成立させるが、建国記念の日の日取りについては審議会をつくり、六カ月以内に選定、政令で定める」とする調停案を受けての成立で、政令により「二月一一日」と決まったのは、審議会での話し合いをへた同年一二月だった。

審議会の会長は江ノ島電鉄経営者で政財界のフィクサー、菅原通済《つうさい》が務めた。委員には自民党中央政治大学院長の政治学者、吉村正、京大総長の奥田東《あずま》、タカ派論客で知られた東工大教授の桶谷繁雄、民社党の理論的指導者だった立教大総長の松下正寿《まさとし》、人気作家の舟橋聖一、評論家の大宅壮一、専修大教授（家族法）の田辺繁子らがその名を連ねた。

かねてから、「建国記念の日をいま決めるべきではない」と主張していた大宅が、審議会最終日に委員を辞職するというハプニングがあったが、人選にあたった政府の思惑どおり、一〇人（大宅を含む）中七人が「二月一一日」を推した。

一九六七年二月一一日、時の首相・佐藤栄作は、日記にこう記した。

「復活紀元節第一回。名も代［変］わって『建国記念の日』となり、民間団体による祝賀会パレードなど催しあり。かつまた、反対の会合もあるが、この方は誠に寥涼（寥々＝数が少ないさま）。余は祝詞を日比谷の足立君の会に送り、（総務長官）塚原［俊郎］君を出席さす」（『佐藤榮作日記』朝日新聞社、一九九七年）。

「足立君の会」とは、この日に開かれた建国記念の日奉祝国民大会を指す。大会会長は、日商会頭の足立正が務めた。明治神宮崇敬会の会長で、王子製紙やラジオ東京（後の東京放送）の社長を歴任した財界リーダーである。

†「国会に代表を」

「建国記念の日」制定運動は、神社界に多くの教訓を残した。

この運動には神社本庁のほか、日本郷友連盟や不二歌道会（大東塾）、生長の家、修養団、新日本協議会、日本国体学会、全国日の丸連合会など、名だたる右派・保守団体が参加していた。ところが国政に足場がなかったため、「建国の日」が制定されるまで法案提出から九年、「紀元節」消滅から数えれば一八年もの歳月を費やすことになった。

祝日法改正が実現した一九六六年には、神社界のあり方を検討する神社本庁の「神社審議会」が、「法の改正は国会に決定権があるのだから、神社本庁関係の全組織を挙げて、強力な推進団体を組織し、国会に代表を送り、積極的にこれに働きかけよ」との答申を出してもいる。

実は神社本庁は、一九五〇年代には自前の議員を国会に送り込もうとしていた。第三回参院選（一九五三年）に際して、神社本庁推薦候補として、第三代事務総長の高階研一を全国区に立てることになった。ところが、自らが宮司を務める橿原神宮の総代会がこれに反対したため、高階は立候補を辞退。このため、神社界の大半は、国学院院友会推薦で名乗りを上げた初代事務総長、宮川宗徳の支持に回ったようだ。ところが、宮川は落選してしまう。

第二回参院選（一九五〇年）では全国区候補として、神社本庁は後の国連大使、松平康《こう》東《とう》を推薦。一四万票余を獲得しながらも惜敗している。

国学院大学准教授の藤本頼生は、「この当時神社界が選挙という政治行動にまったく不慣れであった証左でもある。これ以降は、神社界からの現任神職の独自推薦候補を立てられないという現状を生み出す一因ともなった」と指摘している（『戦後神道界の群像』）。高階は立候補辞退の後、事務総長を辞任している。

†神道政治連盟の誕生

話は一九六〇年代後半に戻る。

この時期、学生運動が激化する一方で、ナショナリズムが息を吹き返していく。

中央教育審議会（中教審）が六五年に発表した「期待される人間像」（答申は六六年）の中間草案で、あるべき青少年の姿として「日本を愛する人となれ」が示された。翌六六年には「建国記念の日」が制定される。司馬遼太郎「坂の上の雲」の連載が始まったのが六八年。同年、明治百年記念式典が開かれる。川端康成がノーベル文学賞を受賞し、国民総生産（GNP）で日本が西側世界第二位に躍進したのも、この年だ。翌六九年には、自主憲法制定国民会議結成……。

明治百年に沸いた一九六八年、歴史学者の家永三郎は二月一一日に開かれた総評系平和集会で、「明治百年史観は日本の歴史をのっぺらぼうな一直線の発展・栄光の歴史ととらえ、その間の起伏をほとんど無視し、すべてをバラ色に染めてしまおうとする考えだ」と、警鐘を鳴らした。

その一方で、保守層のあいだでは、戦後日本の経済的成功は明治の施策の賜物であり、今こそ、戦後になって失われた日本精神の昂揚を図るべきだとする声が広がりをみせていた。神社界の政治部門「神道政治連盟」は一九六九年、こうした中で誕生した。

神道政治連盟結成時に作られた宣言・綱領を以下、示す。

宣言

わが日本国の現状は、内に外にまことに憂念禁じ難きものあり。よってこの際、神道の精神を以て志を同じうする者相はかり、民族の道統を基調とする国政の基礎を固め、且つその姿勢を匡《ただ》さんがため、ここに神道政治連盟を創立し、次の綱領五ケ条の実現を期する。

綱領

一、神道の精神を以て日本国々政の基礎を確立せんことを期す。

一、神意を奉じて、経済繁栄、社会公共福祉の発展をはかり、安国の建設を期す。

一、日本国固有の文化伝統を護持し、海外文化との交流を盛にし、雄渾なる日本文化の創造的発展につとめ、もって健全なる国民教育の確立を期す。
一、世界列国との友好親善を深めると共に、時代の弊風を一洗し、自主独立の民族意識の昂揚を期す。
一、建国の精神を以て無秩序なる社会的混乱の克服を期す。

「神社新報」（一九六九年一一月一五日付）はこの文書を、「日本国とはまさにかくあるべきもの、との真情の吐露にほかならぬ」と評した。確かに「神道の精神」をもって国を正さんとする神社界の強い意欲が伝わってくる。

†神政連への神職の反応

神政連の結成大会は一九六九年一一月八日、神社本庁旧庁舎三階で開かれた。来賓として、「生長の家政治連合」（生政連）を擁する新宗教「生長の家」理事長の中林政吉らが参列。七六歳で神政連初代会長に就いた上杉一枝《かずえ》は、次のように挨拶した。

「国民祝日法改正の長く苦しかった努力の跡を省み、不抜の信念をもって闘い抜いた尊い教訓に鑑み、この非常時局を乗り切って、国家国政を真に日本民族の伝統たる神道精神の基盤にのせ、わが国の平和と繁栄とを固くするために、我々は今こそ一致団結して起つべき時と確信するに至った」

岐阜県出身の上杉は神職を務める傍ら、戦前は岐阜県議、戦後は岐阜県神社庁長、岐阜県教育委員を歴任。神社界の政治進出を強く訴えた一人で、なぜ神政連のような団体が必要なのか、各地を演説して回っていたところ、初代会長に推され、引き受けることになったという。

結成大会後の記者会見で、上杉は靖国神社国家護持（これについては後述）や、一九四七年施行の皇室典範に元号規定が欠落している問題などを取り上げ、「私どもは本庁と不離一体となり、神社界が背負っているこのような問題のうち、政治的なものを一つひとつ解決して、綱領にもあるように、安らけく平けき日本を回復すべく努力していこうと考えている」と抱負を語った（『神政連十年史』一九七九年）。

ところが地域によっては、神職の多くが神政連への加入に反対するところもあった。東京都神社庁はその一つである。

『東京都神社庁史　本編』（東京都神社庁、一九九七年）によれば、「個々の小規模神社では、神職の政治活動が神社の運営を阻害する場合も多い。つまり、多数の自治団体や氏子、町民の代表で組織する神社総代役員会の構成員は、それぞれ支持政党も違えば好みも異にする」ため、神政連への加入の是非を管内の神職多数に尋ねたところ、圧倒的に反対が多かった。このため、しばらく静観することになったという。だが神政連が掲げた理念には共感を示しており、一九七〇年末、政治色を抜いた協力団体「日本の伝統を守る会」を立ち上げている。同会は一〇年後に神政連東京都本部に改組され、神政連の傘下に入った。

†神政連国会議員懇談会

国会議員による議員連盟もつくられた。神政連が結成された直後の衆院選（一九六九年一二月）には、「建国記念の日」の制定運動に尽力した人物、靖国神社国家護持法制定運動に積極的な人々、友好団体が推す候補者から計二三人を本部推薦とし、一九人が当選した。約半年後の七〇年五月には「神政連国会議員懇談会」が発足している。

結成時の代表世話人には、東条英機内閣で大東亜相を務めた青木一男が就任。戦後、A級戦犯容疑者として拘束されたものの起訴されず、復権後は参院議員に当選。共産主義勢力の排除や、日教組との対決を旗印とし、千葉三郎らとともに自民党右派集団「素心会」（一九六〇年発足）の中心メンバーとして活動した。靖国神社総代として、「A級戦犯」合祀の実現を訴え続けたことでも知られる。

神政連国会議員懇談会の幹事には、後の衆院議長で、富山の神職である綿貫民輔や、三重県伊勢市が地盤の藤波孝生が選ばれた。藤波は後に、中曽根康弘内閣の官房長官として、中曽根の靖国神社公式参拝に向けて奔走することになる。

同懇談会に参加した議員は計一八名。他の議連よりも小規模だったことから、「少数精鋭主義で行く方針を決定」し、神社が直面する諸問題に理解があると同時に敬神家である政治家を順次加えていくことになったという（『神政連十年史』）。それが今や、会長には現職首相を戴き、三〇〇人前後の議員が名を連ねるメガ議連となった。

✝神政連初代会長

神社本庁の取材を進めるなかで、『神青協』という神道青年全国協議会の機関誌に、懐かしい顔を見つけた。神政連初代会長を務めた上杉一枝の長男、上杉千郷《ちさと》である。「創立六十周年記念号」（二〇〇九年三月）に、彼の講演録「学徒出陣について」が掲載されていた。私が駆け出しの記者だった頃、「長崎くんち」の取材で親切に対応してくれた、諏訪神社（長崎市）の元宮司だ。

好々爺然としている半面、保守団体「長崎日の丸会」の理事長の任にあり、長崎市長の本島等が「天皇の戦争責任はある」（一九八八年一二月の市議会本会議）と発言した際には、本島を糾弾する急先鋒でもあった。同会は「本島発言は日の丸会の基本理念に反する暴論だ」と批判し、日の丸会の会長だった本島を解任している。

その上杉が若手神職を対象にした神青協の記念セミナーで、神道政治連盟結成時の思い出を語っていて、実に興味深い。上杉によれば、神政連の初代会長に誰を迎え入れるのか、神社関係者が頭を悩ましていたとき、当初は「神社界の新制度をつくるのだから、日本の最高の政治家を連れてくるべきだ」との方針のもと、岸元首相に決まっていたという。

岸は、神政連と同じ年にできた自主憲法制定国民会議の会長で、憲法改正の顔。神社界にとっても、改憲は黎明期からの悲願であり、岸はまさに適任だった。皇国史観の主唱者で神社界に多くの信奉者をもつ元東京帝大教授、平泉澄は学友。一九六八年から伊勢の皇學館大で総長を務めており、岸に一度は白羽の矢が立ったことは自然な流れだったのだろう。

ところが設立総会の数日前、上杉千郷は明治神宮の伊達巽に呼び出され、すごい剣幕で怒鳴られた。「やせても枯れても、神社界の団体の長に、政治家の古手を持ってくるとは何ごとか！」「きみのお父さんがいるじゃないか」「俺がちゃんと根回ししておくから、お父さんに言っておけ！」。こうした経緯があって、上杉一枝が神政連初代会長になったという。

伊達の説得で会長に就いた上杉一枝は、「剣璽御動座《けんじごどうざ》」（三種の神器のうち剣と璽が常に天皇のそばにあり、行幸の際にも大切に持ち運ぶという皇室の御儀）を二八年ぶりに復活させている。『戦後の神社・神道』によると、昭和天皇が一九七四年一一月に伊勢神宮へ参拝された際、新幹線と近鉄特急に剣璽を置く台が組み立てられ、運ばれたという。

「駅までの移動は、黒鞄に納められて侍従が捧持（大切な物をもつこと）するという、従来の剣璽御動座から見れば物足りなく、威厳を欠くものであった」と課題を挙げながらも、同書は運動の成果をこう記している。

「昭和の御代で中絶のままに復古しない事態は避けられた。また、復古運動における一般青年たちの目覚ましい活躍から、皇室の尊厳護持運動をおこなう者は神社界か老人グループのみという従来の概念は、完全に崩れることとなった」

†神政連の成果

二〇一四年一一月一〇日、『神社新報』は結成四五周年を迎えた神政連のこれまでを振り返る論説記事を載せた。

運動の成果として「剣璽御動座」復活のほか、元号の法制化、国旗国歌法の制定、昭和の日制定、夫婦別姓・外国人地方参政権導入の阻止などを挙げた。「ただ、靖国神社の国家護持運動だけは実らず、五回も国会に法案を提出するも廃案を余儀なくされたのはまことに残念なことといわねばなるまい」とし、最後には、神政連五〇周年に向けての最大の課題をこう記している。

「言うまでもなく自主憲法制定の悲願達成である、これなくして戦後は終わらないのである」「『戦後レジームから脱却』して『日本を取り戻す』憲法改正は、志を同じくする自民党の安倍晋三総裁が首相の今の時を逃してはできないのである」

第五章

靖国神社国家護持への胎動

†政府主催全国戦没者追悼式

東京五輪が開かれた一九六四年の終戦記念日、天皇皇后両陛下ご臨席のもと、「政府主催全国戦没者追悼式」が靖国神社で催された。特設会場となった靖国神社外苑参道は大きなテントと幔幕《まんまく》で囲まれ、遺族代表ら約二〇〇〇人が、大戦で散った約三一〇万の死を悼んだ。

首相の池田勇人は式辞で、こう述べた。

「一九年前の今日、我々は激しい戦いの終局を迎えた。荒野に散り、職域に殉じ、さらに異境の地に倒れた三百万余の愛国の至情は、戦争の批判とは別に長く歴史にとどめられねばならない。平和と繁栄は、その礎にある犠牲と苦難を忘れがちにするが、全国民は常に終戦の日に立ち返り、思いを新たにしなければならない」

その後、両陛下が「追悼之標」の前に進まれ、正午の時報とともに一分間の黙禱。続いて天皇陛下が、「さきの大戦において国に殉じた数多くの人々とその遺族のうえを思い、今なお胸のいたむのを覚える。本日親しく戦没者追悼式に臨み、既往を回想し、国運の現状を見て感慨とくに深いものがある。ここに全国民とともにわが国将来の進展と世界の平和を祈念して心から追悼の意を表する」と述べられた。

お言葉の終わりを待って全員が着席。衆院議長、参院議長、最高裁長官による追悼の辞などの後、東京芸術大学吹奏楽団によるベートーベンの交響曲第三番「英雄」が流れる中、首相らが献花し、式典は終わった。

戦没者を追悼する政府主催の式典が毎年、開かれるようになるのは一九六三年からだ。「追悼式は靖国神社や千鳥ケ淵戦没者墓苑に葬られている戦没者だけが対象ではなく、広く内外地で戦争の犠牲になった者を対象としていることを考慮する」（厚生省説明資料、一九六三年）という方針のもと、第一回会場は日比谷公会堂に決まった。

当時の厚相、西村英一は、衆院社会労働委員会で次のように答弁し、靖国神社での開催を事実上否定していた。

「宗教的なにおいのあるところだと、かりに宗教的儀式を伴わなくても、場所を借りるだけでも誤解を受ける。新宿御苑、体育館も考え、今回は日比谷公会堂が適当となった。いずれにしても、宗教的なにおいのある場所はやはり適当でない。儀式は宗教的でなくても適当でない」

ところが二回目の式典会場は、靖国神社が選ばれた。一九六四年四月二四日の閣議では日比谷公会堂に決まったが、七月九日の閣議で「靖国」に決定が覆された。そのときの政府側の説明は、「式場を借りるだけだから、憲法の政教分離違反にあたらない」。だが、前年の西村厚相の答弁と整合しておらず、キリスト教団体をはじめ、神道以外の宗教関係者から一斉に反発の声があがった。

批判する側の言い分を要約すると、次のようになるだろう。

靖国神社での開催には、既成事実を積み上げて、「なし崩し」にしようとする意図が見て取れる。最初は「会場を借りるだけ」であったのが、やがて靖国神社が式典をつかさどるようになり、最終的には神社神道による支配体制の確立に行き着くのではないか――。戦後の民主化政策に逆行する流れを意味する「逆コース」の一つとして、神道以外の宗教関係者をはじめ多くの人が不安をいだいた。

もともと、戦没者追悼式を政府が主催することには異論があった。憲法二〇条には「国及びその機関は、宗教教育その他いかなる宗教的活動もしてはならない」とある。これに抵触するのではないか、という批判があった。これを受けて、恒例行事として政府が主催することを一九六三年に決めた際には、閣議決定文書に「本式典は宗教的儀式を伴わないものとする」という一項が付されている。

一方、「靖国神社における天皇皇后両陛下ご臨席の下での追悼式」を訴えてきた日本遺族会と靖国神社にとっては宿願を果たしたことになる。総裁選を控え、三選を狙う池田勇人が「自民党遺家族議員懇談会」の支持を得ようとして、会場選定の閣議決定を覆したと言われている。閣議決定と大臣答弁はそれほど軽いものなのか、と首を傾げずにはいられない。

この時期、遺族会と靖国神社は、これまでの鬱憤を晴らすかのように、次々と「神州恢《かい》復《ふく》」策を打ち出した。そのなかで「本丸」と言い得るのが、靖国神社を戦前と同様、国家管理とする「国家護持」のための法制化だったのである。一九六九年には、「靖国神社法案」が自民党議員立法で国会に初めて提出されている。

†靖国問題の原点

そもそも靖国神社とはいかなる神社で、どのような経緯で「国家護持」運動が起こったのだろうか。

靖国神社の起源は、一八六九（明治二）年、戊辰戦争での官軍の戦死者らを弔うために、明治天皇の「思し召し」で建てられた東京招魂社にある。建立から一〇年後に、靖国神社に改称されている。「靖国」とは「国を安（靖）らかにする」という意味だ。

祭神《さいじん》（祀られている神）は、戦死もしくは戦傷病死した軍人・軍属とそれに準ずる人々。沖縄戦の「ひめゆり部隊」の女子学生も含まれる。西南戦争で命を落とした西郷隆盛のような「賊軍」や、東京大空襲などで亡くなった民間人は合祀の対象に含まれない。

合祀の事務は、戦前は靖国神社を所管した陸海軍省がおこなっていた。戦後になると、復員業務や遺族の援護に当たった厚生省が都道府県と協力して誰を祀るかを選考し、それに基づいて靖国神社が合祀を進めてきた。現在約二四六万柱が祀られているという。

これまで何度かふれたように、一九四五年一二月、連合国軍総司令部（GHQ）は神道指令を発し、国家神道を廃止し、神社を国家から切り離すよう指令した。これによって靖国神社も、国家から分離され、宗教法人として出発することになった。この宗教法人化が、公人の靖国参拝が憲法上の政教分離原則に反してはいないか問われる靖国問題の原点となった。

一九九九年八月、政府・自民党は、靖国神社に祀られているA級戦犯を分祀し、靖国の宗教色を薄めるべく特殊法人化を検討すると発表したことがある。これに関連して、当時の神社本庁総長・工藤伊豆は自著『神々と生きる道』（東京新聞出版局、二〇〇〇年）で、次のように述べている。

昭和二十六年、宗教法人法が制定された際、靖国神社は最後まで逡巡した。宗教法人になるほかには、あるいは財団法人、祭祀法人という選択肢もあった。／靖国神社としてはできれば宗教法人にはなりたくないという気持ちも強かった。もともと、

「神道は宗教にあらず」という国家神道の理念そのままに成立した神社である。（中略）国事のために働いた人の魂を祀るという行為が果たして宗教という名になじむものなのかと、当時の靖国関係者は疑問を感じており、一時は祭祀法人化に傾いていた。

だが、「祀り」だけをおこなう祭祀法人（祭祀維持の法人を新設する構想が当時あった）とした場合、ＧＨＱによってつぶされてしまう危険性が心配された。「ハーグ条約で宗教団体への弾圧は禁じられているが、祭祀法人ならば条約の適用外になる。そうなれば存立の危機に陥りかねない」と、工藤は記す。「結局、靖国神社は宗教法人法の発令直前に宗教法人となる道を選んだ。『宗教』という形が英霊に対してふさわしいのか、失礼に当たらないのか。靖国神社が自ら熟慮を重ねた上での決断であった」という。

先の引用文で工藤は、「昭和二十六年、宗教法人法が制定された際」と書いているが、これは改正宗教法人令（四六年）の誤りであろう。いずれにせよ、占領下にあって、靖国神社が厳しい環境に置かれていたのは間違いない。

†「ミリタリー・シュライン」

大原康男国学院大名誉教授は、「（ＧＨＱは）靖国神社と護国神社を特に『ミリタリー・

シュライン』と呼び、同じ神社でありながら、他の神社とは大きく違った扱いがなされた」と指摘する（『靖国神社』PHP新書）。

その一例が境内地問題だった。

明治初期の上知令により、社寺の土地は原則として国有財産となった。社寺はその土地を無償で国から借り受ける形をとってきた。ところが戦後になって新憲法が施行されると、行政による宗教団体への便宜供与はできなくなった（憲法八九条）。このため境内地の無償譲与（返還）が全国で行われたのだが、靖国など「ミリタリー・シュライン」への返還は「当分の間禁止」とされ、講和条約締結後に禁止条項が削除されるまで宙に浮いた状況が続いたという。

神社本庁の『神社本庁史稿』によれば、当時のアメリカ政府は靖国神社を次のように認識していたという。

「米国務省の文書によれば、『靖国神社をはじめとする国家的英雄を祀る近代的神社のいくつかは、我々が理解するごとき意味における宗教的信仰の場ではなく国家主義神社である。日本政府も国家神道は宗教ではなく、愛国精神の発露であると繰り返し主張しているのだから、信教の自由の原則を侵すことなく閉鎖しうるものである』と彼らは考えていた」

改正宗教法人令（一九四六年）によって、靖国神社も宗教法人の一つとなったが、その間、ＧＨＱ側から、靖国神社や護国神社（靖国神社と同じ趣旨で各地に創建された神社）をこのまま残して大丈夫かという警戒論が強まってきた。「それらの神社については、その性格を変更させるだけでは物足りない、神社そのものを廃止させるべきだとの声もＧＨＱの中に起こった」という（前掲書）。

こうしたなかで靖国は「宗教法人」を選択したものの、占領期には、靖国神社は「いつでも廃止できる」というＧＨＱ側の意思表示がずっと続いていた。一九五二年に日本が主権を回復すると、主に日本遺族会の間で靖国神社国家護持運動が高まりを見せ、遺族らは、政府首脳や天皇陛下が靖国神社に参拝して顕彰し、国が靖国神社を護持すべきだと訴えた。

この運動の嚆矢は、一九五二年に開催された「日本遺族厚生連盟」（日本遺族会の前身）の第四回全国戦没者遺族大会にあるとされる。このとき、「靖国神社の慰霊行事は国費をもって支出する」よう決議した。

その後、日本遺族会を中心に署名活動や国会陳情が活発に行われ、一九五六年の第八回全国戦没者遺族大会では「靖国神社国家護持」が決議されている。その直後、自民党は靖国法案の原形となる草案を策定。そこでは靖国神社から宗教性を払拭することが提案され、施設名としては「靖国社」「靖国廟」「招魂社」などが考えられた。しかし、宗教性の否定をめぐって意見がまとまらず、立ち消えとなった。

†靖国神社法案

そして、再び大きく動き出したのは一九六二年だった。靖国神社は神社本庁も加えて、祭祀制度調査委員会を設置した。祭祀の本質を損なわないかたちで国家護持の環境を整えるにはどうすべきか、議論が始まった。翌六三年にまとめられた「靖国神社国家護持要綱」は、靖国神社法案を作成する際の土台となった。

その主な内容は、①現在の宗教法人靖国神社を解散し、新たに設ける特別の法人が財産を継承する、②靖国神社の名前は変えず、創建以来の由緒や伝統にもとづく行事、儀式、施設などの重要事項を尊重し、その本質の維持・保全を望む、というものだった。

一九六四年には日本遺族会も、靖国神社国家護持に関する調査会を立ち上げている。翌年には報告書をまとめ、基本方針として「靖国神社法要綱案」を公表した。これが自民党の遺家族議員協議会に引き継がれ、六七年六月には同協議会の靖国神社国家護持小委員会(小委員長・村上勇=後の日本遺族会会長)による「靖国法案」(村上私案)がまとめられている。ところが、「靖国神社の施設、祭式等から神道色を一切除去する考え方であり、中でも『英霊奉斎』(戦死者の霊をつつしんで祀ること)を全く無視している」と、関係者の非難をあびたという（『近代神社神道史』）。

その後、自民党政調会が靖国神社法案の作成を担った。「靖国神社国家護持に関する小委員会」（小委員長・山崎巌＝元内相、元警視総監）を設置し、一九六八年二月には山崎私案を公表。ところが、村上私案に近い内容だったために異論が噴出し、党政調会内閣部会と憲法調査会（会長・稲葉修＝後の法相）に報告した後、解散を余儀なくされた。

この〝宿題〟を引き取った稲葉修は、中央大学法学部教授から政界に転じた改憲派の代表格。一九六八年四月、新設された小委員会で、「靖国神社は宗教団体ではないから、国から特権を受けても憲法違反には当たらない」とする私見を披露。「山崎私案は憲法アレルギーが過ぎる」とし、憲法の政教分離原則に過剰にとらわれすぎていると厳しく批判した。

後に示された稲葉私案は、靖国は宗教ではないとの立場から、「靖国神社から宗教性を取り除く必要性はない」と主張。この私案には、靖国神社に関する首相の権限を強化し、儀式や行事を検討する靖国神社審議会を設置するといった案が盛り込まれていた。

結局、靖国神社法案が国会に提出されたのは一九六九年六月三〇日だった。この年の一月、首相の佐藤栄作が伊勢神宮に新年の参拝をした後の記者会見で、「靖国法案を通常国会で重要法案として処理する」ことを表明。政調会長の根本龍太郎が中心になってまとめた根本私案が三月に発表され、これが自民党案となって国会に提出された。

この法案は八章三九条から成る。第一条（目的）では、国事に殉じた人々の英霊に対する国民の尊崇の念を表すために儀式行事をおこない、偉業を永遠に伝えるなどと規定。続く第二条では、「神社」という名称を用いてはいるが、名前を踏襲したのであって、宗教団体と解釈してならない旨が記されている。さらに第五条では、靖国神社が特定の教義をもつこと、信者を教化することなど、宗教活動はしてはならないと規定されている。

そのうえで法人の理事長人事や、会計収支を含む業務計画の作成・報告、財産処分については内閣総理大臣の認可を必要とし、第三二条で国・地方公共団体による神社行事などへの補助金支出を認める内容となっていた。

†野党と宗教団体の反発

法案提出を受けて、野党は一斉に抗議談話を発表した。以下、列挙する。

社会党は「靖国神社法案は信教の自由を規定した憲法第二〇条、八九条に明確に違反する。しかも、延長国会が半ばを過ぎた現在、国会に提出してきたことは、国会と国民を愚弄するものだ。このような法律よりも、国民すべてが戦没者に対し追悼の意を表し、平和を願い、誓い合うことが正しいと信じる」。

民社党は「憲法上疑義のある法案を自民一党で国会に提出したことは極めて遺憾。英霊を祀る道は別の方法で考慮すべきだ。このような法律が通れば、将来、特定宗教による独善的立法がおこなわれる憂いがないとも言えない」。

公明党は「国のために殉じられた人々を尊敬し、その人々に感謝するのは素朴な国民感情として当然。しかし、靖国神社の国家護持については憲法違反として幅広い反対がある。自民党は法案を撤回すべきだ」。

共産党は「憲法違反であり、絶対に許せない。自民党があえて国会に提出したのは、軍国主義の復活を急ぐからであり、わが党はこのような反動法案を粉砕するため、今後とも闘う」。

キリスト教系の教団や新日本宗教団体連合会（立正佼成会など）、仏教宗派（真宗教団連合など）は、反対運動を大々的に展開した。日本が「一五年戦争」の泥沼へと突入した戦前期に、神社は戦争遂行の精神的支柱として重んじられた一方、社会の秩序を乱す恐れがあるとされた宗教活動に対しては容赦なく治安維持法や不敬罪が適用され、信教の自由が侵されたという被害体験が根強く記憶に残っていた。

キリスト教で言えば、その典型例として「上智大学事件」が挙げられる。一九三二年、靖国神社を訪ねた上智大の学生のうち、キリスト教徒の一部学生が資料館の見学はしたものの、神社の参拝はしなかったことで、靖国を管理する軍部が態度を硬化させた。軍事教練のために上智大に配属していた将校を引き揚げる方針を打ち出し、社会問題化した。「キリスト教は国体にあわない邪教」との非難を浴びることになった。

このほか、大本教（大本）であれば、一九二一年と三五年の二度にわたる大弾圧がある。教祖・出口王仁三郎《おにさぶろう》（一八七一―一九四八）の「世を立て直し、人民おだやかな世を築く」という教えについて、内務省は「天皇制を否定する」ものだとし、第二次弾圧では信者九八七人を検挙したほか、宗教施設をことごとく破壊している。創価学会（当時は創価教育学会）も、初代会長の牧口常三郎（一八七一―一九四四）、戸田城聖《じょうせい》（一九〇〇―五八）ら幹部が伊勢神宮の神札《しんさつ》（大麻《たいま》）の受け取り拒否を勧めたとして、四三年に不敬罪と治安維持法違反の疑いで逮捕され、牧口は獄死している。

こうした戦前の恐怖が、多くの教団に拭いがたく残っていた。軍国主義が猖獗《しょうけつ》をきわめた戦時下の経験を、国家神道とともに語り継いできた教団も数多くあり、法案提出前の反対声明には約七〇教団が名を連ねた。

†自民党の「取りつくろい」

一方、推進派のほうは、このとき「靖国神社国家護持貫徹国民協議会」（靖国協、「英霊にこたえる会」の前身）を結成。神社本庁、神道政治連盟、日本遺族会、生長の家、国柱会、新日本協議会、日本郷友連盟、軍恩連盟など約三〇団体が、法案提出前の一九六九年五月一日、東京・日比谷公会堂で「国民大会」を開き、遺族ら約二〇〇〇人が気勢をあげている。

ところが、一九六九年から七二年にかけて計四回にわたり法案を国会に提出したものの、一度も審議にこぎ着けないまま、廃案に追い込まれた。五回目となった七三年の法案提出では継続審議となり、翌七四年に衆院を通過したものの、参院では審議に付されることなく廃案となった。

『戦後の神社・神道』によれば、次のような経過をたどっている。

一九七四年四月、自民党の単独採決で靖国法案が衆院内閣委員会を通過し、本会議と参院送付が日程に上った頃、衆院法制局の「靖国神社法案の合憲性」と題する文書が関係者のあいだに出回った。国家護持のためには、靖国神社の「名称は踏襲するけれども、宗教性を帯びない性格のものにする」という内容で、そのための具体的な提言が、次のように記されていた。

「祝詞の奏上は、例えば英霊に対する感謝の言葉という観念に変えられるべき」「降神、昇神の儀（神をお迎えする儀式、お帰りいただく儀式）はやめるほかない」「修祓《しゅばつ》の儀（神職によるお祓い）に代わって、場と参拝者の心境との清浄さを具現するための別な形式が考案されるべき」「拝礼の形式は、二拝二拍手一拝に拘泥せず、自由とすべき」

靖国神社、神社本庁、靖国協にとって、その衝撃は大きかった。靖国神社と神社本庁は、「法案成立時、靖国神社の祭祀伝統が破壊されるおそれがある」として、自民党に見解を問いただすと、宮司宛てに「わが党としての見解ではなく、今後さらに十分研究を重ね、反対論者の違憲論に対する党としての公式見解をまとめる考えです」との回答があったのみだったという。

「これが国民の悲願であった靖国法案を国会に上程してきた責任政党の内実であった。最後の力の結集をはかる段階になっての法制局見解の出現は推進派の力を大きく阻害したことは間違いない」（前掲書）

こうした経緯を見ると、靖国神社や神社本庁は、自民党の「取りつくろい」に振り回されたといっても過言ではないだろう。政府・与党と、靖国神社や神社本庁との間のズレは、どの時点で生じたのだろうか。

一九六六年一二月二七日、第五四回国会が召集された初日に、佐藤栄作首相は衆議院を解散した。世にいう「黒い霧解散」である。相次ぐ自民党の不祥事の発覚で窮地に陥った佐藤内閣が、局面を打開するために解散総選挙に打って出たのである。選挙公約には「靖国神社の国家護持を検討する」との一項目が後から追加され、日本遺族会はフル回転、予想を覆して自民党は「大善戦」した。

難局を乗り切ったことで、佐藤は長期政権への足がかりをえた。当時最強の集票マシンである遺族会が、「貢献者」としての自負を抱き、靖国神社の国家護持実現に期待したのも無理はない。そして法案上程。国会審議を見守ったが、自民党は遺族会の働きに応えてくれるはずだ、悲願を叶えてくれるに違いないという、かれらの期待は裏切られていく。

当時の政治状況から、自民党は靖国神社法案の実現は困難だと判断し、衆院内閣委員長の藤尾正行が提案した「表敬法案」の実現に舵を切った。一九七五年のことだ。同年五月に来日する英国女王の靖国神社表敬をめざした法律案で、靖国協も了承した。

ところが、靖国神社と千鳥ケ淵戦没者墓苑のどちらが表敬先にふさわしいかという議論が国内で湧き起こり、英国側はいずれにも表敬しないと宣言。社会党、新宗連、キリスト教団体などの反発だけでなく、自民党内からも異論が噴出して、この表敬法案も提出を断念せざるを得なくなった。

結局、靖国法案が一九七五年の国会に提出されることはなかった。これまでと同じように自民党に頼っているだけでは、もはや状況を打開できる見込みはないに等しい。そこで靖国協の加盟団体が中心となって、新国民組織「英霊にこたえる会」の結成へと向かうのである。

†「英霊にこたえる会」という迂回戦術

会報『英霊にこたえる会たより』（第一号、一九七七年）によれば、新国民組織を結成すべきとの提案がなされたのは一九七四年秋だった。

その理由は、①靖国神社法成立一本槍の国会運動は転機を迎え、法案のみに固執することは必ずしも適当ではない、②国家護持に対する国民の圧倒的支持は明らかだが、まだ潜在的で世論になっていない、これを現実政治やマスコミ等に反映させるため、運動方法の根本的な検討を要す、③原点に立ち返って全国民の問題として英霊にいかにこたえるべきかを訴え、世論の喚起・結集を図る必要がある――というものだった。

これまでの運動の方法論を見直して局面を打開しようとしていたことが見て取れる。こうして新たに採用されたのが、首相らによる靖国神社の公式参拝をまずは実現させ、それによって国家護持へと少しずつ近づいていこうという、迂回戦術だった。「急がば回れ」と揶揄されることもあったが、それは保守運動の柔軟さ、狡猾さの表れであり、目的達成への執念深さを物語ってもいた。

一九七六年六月二二日、「英霊にこたえる会」の結成大会が、東京・九段会館で開催された。

「英霊にこたえる会」の結成時に参加したのは約四五団体。主な団体を挙げると、日本遺族会、神社本庁、神道青年全国協議会、新日本協議会、全国師友会、日本郷友連盟、軍恩連盟、偕行社、水交会、隊友会、日本相撲協会、国柱会、佛所護念会教団、世界救世教、三五教《あなない》、修養団青年部、新樹会、国士舘大など。このなかで、中心的な役割を果たしたのが日本遺族会だった。

英霊にこたえる会会長となった元最高裁長官・石田和外は、結成大会で次のように挨拶した。

「私は最高裁判所長官を退職後、天地自然のふところで静かに暮らすことを望んでいた。しかし、今般、英霊にこたえる会の結成にあたり、ある人から会長就任の勧誘を受けた。私は英霊という言葉を聞いた瞬間、ハッとした。国のために尊い生命を捧げられた方たちのことを、ややもすると忘れていた。英霊に関することならお引き受けし、微力を尽くさねばならないと決意した次第である」

石田は福井市生まれ。東大卒業後、一九二七年に裁判官となり、戦後は最高裁人事局長、事務総長などをへて、六三年に最高裁判事に就任。六九年一月から七三年五月まで最高裁長官を務めている。長官時代には、護憲運動を展開した青年法律家協会（青法協）の会員司法修習生の判事補任官を拒否し、青法協からの裁判官の脱会を求めるなど、論議を呼んだ。裁判でも、官公労争議に関して労働者側に厳しい判例に変更するなど、司法における「タカ派の総帥」とも呼ばれた。

最高裁長官を務めた場合、退官後には一線の活動を控えるのが通例だったが、石田は違った。退官からわずか三年後に「英霊にこたえる会」の会長に就き、その二年後には「元号法制化実現国民会議」の議長に就任している。

一九七九年に元号法が成立するのを見届けることなく、同年五月に石田は亡くなっているが、元号法制化の中核組織は、神社本庁が深い関係をもつ「日本を守る会」であり、元号法制化実現国民会議の全国組織はその後、「日本を守る国民会議」に看板をかけかえて再出発。一九九七年にこの両者が組織統合し、日本会議が誕生したのである。

ところで石田は、A級戦犯の靖国神社合祀に踏み切った松平永芳を宮司に推薦し、就任するよう説得した人物でもある。松平が靖国神社の宮司を引き受ける前、いわゆるA級戦犯の方々も祀るべきだと話したところ、「国際法その他から考えて当然祀ってしかるべきものだと思う」と石田は答えたという（『靖國神社——創立百二十年記念特集』新人物往来社、一九八九年）。

松平が宮司となり、A級戦犯の合祀が報じられた翌日、石田は「英霊にこたえる会」の総会で東京裁判にふれ、こう挨拶した。「私は裁判官ですが、ああいうものは正しい意味での裁判でも何でもありません。戦いに勝った国が負けた国の人々に、裁判という形で、戦争のすべての責任を押しつけたものにすぎません」

第六章

日本を守る会

一九七四年四月二日、「日本を守る会」が結成された。発会式は明治記念館（東京）で行われ、神社本庁元事務総長の富岡盛彦が発起人を代表して挨拶し、続いて思想家の安岡正篤が基調講演をした。

そのとき安岡は、日本を守る会を結成する意義について、次のような話をしたという（副島廣之『神苑随想』明治神宮崇敬会、一九八八年）。

「悪は一般的に善よりも強く、しかも団結性をもっている。悪人はただ一人でも悪党と言われるゆえんである。それに比べて善人はいくら集まっても善党とは言わない。善人は温和かつ孤立的で何事にも傍観的、引っ込み思案である。したがっていつも悪党に機先を制され、いったん負けるとなかなか挽回はできない」「その上、今日の善人は惰弱で強者に媚びる風があり、こうした所にも日本の危機が感ぜられる。日本にいま必要なことは善人が団結し、勇気と自信をもって民族の道義的精神を昂揚することである。すなわち礼、義、廉潔の心を養い、恥を知ること、これ以外に日本を守る道はない」

安岡は一八九八年、大阪生まれ。東大政治学科卒。中国明代の思想家・王陽明の陽明学を学んだ「反共の闘士」だった。国家主義者の大川周明と「行地社」を結成後、私塾「金鶏学院《きんけいがくいん》」をつくり、日本精神を鼓吹した。終戦時に詔勅の文案を添削したことでも知られる。公職追放解除後、全国師友協会を結成、一九五八年には元内相の安倍源基らと新日本協議会を設立した。吉田茂、岸信介、佐藤栄作ら歴代首相の指南役として、保守政界で重きをなす存在となる。

†結成前夜

安岡や富岡、作家の山岡荘八、明治神宮の伊達巽、世界真光《まひかり》文明教団の岡田光玉《こうたま》ら約一五人が、日本工業倶楽部（東京・丸の内）で会合をもつようになったのは、「日本を守る会」結成の前年、一九七三年頃のこと。参会者はそれぞれ、日本は経済的にめざましい復興をとげたものの、国民は国家意識や民族としての連帯意識を失っている、拝金・唯物主義、利己主義に走り、次代を担う子供たちの育成が危ぶまれるなど、憂国の情を語り合ったという。

中でも、臨済宗円覚寺派管長の朝比奈宗源は切迫した思いを抱えていた。朝比奈は、キリスト教社会運動家の賀川豊彦らが提唱していた世界連邦運動に参画。一九六三年に世界連邦日本仏教徒協議会を結成した禅僧だ。七三年に世界連邦の大会が三重県伊勢市で開催されることになった際、天の啓示を受けたという。朝比奈は日本立て直しの行動の必要を感じ、それ以後、こうした趣旨の話を各所で話すようになった。

朝比奈の熱情に深く共鳴したのが富岡盛彦だ。明治神宮の伊達巽、生長の家の谷口雅春に協力を求め、会合を重ねていった。その過程で、曹洞宗元管長の岩本勝俊、日蓮宗管長の金子日威、東京・浅草寺貫首の清水谷恭順といった高僧や、熱田神宮宮司（のちに神社本庁事務総長・総長）の篠田康雄、生長の家理事長の中林政吉、佛所護念会教団理事の関口孝、念法眞教の長谷川霊信らが参画し、会結成へと動き出したという。

†「祖国日本を守り抜こう」

「日本を守る会」の発会式で、朝比奈宗源は結成の趣旨をこう説明した。「およそ国家の興隆に最も重要な案件は、国民に旺盛な愛国心があることだ。しかるに現在のわが国民の愛国心は極めて薄い。最大の理由は連合国が終戦処理にあたって、わが国民の強い団結力を恐れ、日本の伝統的道徳を全面的に否定し、日教組を通じて唯物教育をさせたのが根本で、多くのマスコミが同調し偏向した結果である」

「北欧の社会学者は『日本はいつか第二のユダヤ人となって世界にばらまかれ、ユダヤ人たちがイスラエルの嘆きの壁に集まったように、やがて日本人たちは伊勢の五十鈴川を涙の川として集まる日がくるであろう』と言っている。ここで一番、独裁的革命論者やマスコミに惑わされることなく、国民も国家もエゴイズムを規制し、節度を守り、世界と協調し、人類共通の諸問題の解決に全力を捧げる決意を内外に声明すべきである」

そして、最後にこう呼びかけた。「天佑神助（天の救い）は常に自ら努める者の上にのみあることを信じ、お互いに固く手を結んで祖国日本を守り抜こう」と。

この日の発会式では、朝比奈のスピーチに続いて、事務所を明治神宮会館に設置することなどを定めた規約と運動方針が発表された。運動方針として、次のような目標が掲げられた。

一、わが国の伝統精神に則り、愛国心を高揚し、倫理国家の大成を期する
一、正しい民主主義を守り、明るい福祉社会を建設する
一、偏向教育を排し、ひろく教育の正常化を推進する
一、言論報道の公正を求め、唯物思想や独裁的革命主義を排除する
一、国際協調の中にあらゆる世界平和の道を求め、祖国日本を守りぬく

伝統精神の重視、愛国心の高揚、倫理国家の大成、教育正常化、唯物思想の排除、祖国防衛……。運動方針に示されたこれらの価値観は、日本を守る国民会議、日本会議へと受け継がれることになる。

その後の懇親会では、キリスト教協議会議長の相川高秋（関東学院大学長）が万歳三唱

を先導して閉会。この日、代表委員ら役員に推挙されたのは以下の人々。
《代表委員》相川高秋、朝比奈宗源、岩本勝俊、岡田光玉、金子日威、清水谷恭順、白柳誠一（カトリック東京大司教）、関口トミノ（佛所護念会教団会長）、伊達巽、谷口雅春、安岡正篤、富岡盛彦、蓮沼門三（修養団主幹）、山岡荘八
《監事》石川彌八郎（日本酒造組合中央会）、廣池千太郎（モラロジー〈道徳科学〉を創唱した廣池千九郎の孫、麗澤大学学長）
《事務総長》副島廣之
このうち相川、白柳の二名は代表委員への就任を辞退している。
白柳は一九九四年にローマ・カトリックの枢機卿に親任された人物で、アジア各国の司教が集まった八六年の総会では、戦時下日本におけるキリスト教会の戦争責任を認めて、「私たち日本の司教は、日本人としても、日本の教会の一員としても、日本が第二次世界大戦中にもたらした悲劇について、神とアジア・太平洋地域の兄弟たちにゆるしを願うものです。私たちは二〇〇〇万を超える人々の死に責任を持っています」と、公式に謝罪している。

†修養団という水脈

代表委員となった蓮沼門三にもふれておこう。

蓮沼は一九〇六（明治三九）年に社会教育団体「修養団」を創設。戦前にあって、日本主義による倫理の確立を目指し、国家主義者の期待を集めた。実業家・渋沢栄一らの支援を受けた修養団は活動範囲を拡大し、初代団長には田尻稲次郎（後の東京市長）が一七年に就任。二四年には平沼騏一郎が第二代団長となった。平沼は元検事総長で、短期間だが戦時下に首相を務めることになる。

一九三七年七月には日中戦争が勃発、同月八月に近衛文麿内閣は「国民精神総動員実施要綱」を閣議決定し、国民に戦争協力を促す官製の「国民精神総動員運動」が始められた。「挙国一致、尽忠報国、堅忍持久」をスローガンとするこの運動を推進すべく、修養団は民間の側から協力した。

戦後は、伊勢にある神都国民道場に伊勢青少年研修センターを設けて、日立製作所など大企業の社員らも受け入れて、大規模な新人研修を実施した。水行《すいぎょう》をともなう研修の様子は『タイム』誌（一九八三年二月七日号）で取り上げられ、日本的経営の最前線として世界に発信されたこともある。

修養団の第二代理事長・赤坂繁太は、教育勅語による精神復興に熱心なことでも知られ、「日本を守る会」の代表委員を務めた人物だ。同会の結成準備会が綱領を策定すべくその検討作業に入った際、赤坂は「日本を守るとは詮ずるに皇室を護持することだ。綱領原案には、天皇や皇室のことについて何らふれていない。これでは意味がない」と憤然として異議を唱えたという。同会において修養団は無視し得ない存在感を発揮していた。

†民族派青年の煩悶

ちょうどその頃、「占領憲法破棄・明治憲法復元」を目指す民族派の青年組織が、いかにして自分たちの活動を国民運動へと拡大できるか、煩悶を続けていた。生長の家学生運動の流れを汲み、やがて日本会議事務総局を担うことになる日本青年協議会（日青協、現在の日本協議会）だ。この団体には、組織づくりに長けた椛島有三（＝日本会議事務総長）、理論構築に秀でた伊藤哲夫（＝日本政策研究センター代表）、後に大分市議・県議から国政へと転身した衛藤晟一（＝首相補佐官）らがいた。

一九七五年前後に、神社界のイデオローグ・葦津珍彦と、その腹心で葦津と同じ福岡県出身の西田廣義が、日青協の機関誌『祖国と青年』にたびたび登場している。当時、西田は神社新報の編集長。葦津と西田の二人は、日青協が運動の柱に掲げる「占領憲法破棄・明治憲法復元」の実現可能性について否定的な見解を述べていた。

一九七六年の憲法記念日。自民党本部ビル八階ベランダから、幅一メートル・長さ約二〇メートルの垂れ幕が投げ落とされた。「五・三政府主催憲法記念式典を糾弾する」。「糾弾」の二文字は朱色に染められていた。この年、三木武夫内閣は、政府主催の憲法記念式典を二四年ぶりに開催。これに抗議するため、日青協や生長の家学生会全国総連合（生学連）のメンバー約一五〇〇人が自民党本部に詰め掛けた。

その模様を伝える『祖国と青年』（一九七六年七月号）や『生学連新聞』（七六年五月一日付）の記事には、「糾弾」や「粉砕」「シュプレヒコール」といった、抗議集会の熱気を伝える言葉が並ぶが、「明治憲法復元」は一つも見当たらない。それどころか、特集面の座談会では日青協の面々が、神社新報編集長の西田に教えを請いながら、自己批判をしている。その一部を以下、引用する。

編集部「戦後の改憲運動は現憲法解体だとか、占領憲法打倒だとか、非常に勇ましいことを言ってきたが、情況に適合した新たな改憲運動を創出して行かないと、改憲勢力は今後永久に葦津珍彦さんが言われるような『力学無視の悲歌慷慨』で終わらざるをえないと思うわけです」

西田「というよりね。例えばヒトラーですが、政権奪取の運動をしているときは現憲法体制擁護だと言って、むしろ現憲法の権威を肩に背負った運動を展開していた。

そして政権をとった後で、憲法を変えたり、体制変革をしたりしたわけなんですね。つまり、これから政権をとろうとする時には、現憲法体制の基本を崩すような勇ましいスローガンなり構想なりを出したわけではない。そんなことを言ったのでは大衆をつかむことなど、できるはずがなかったわけです」

編集部「ということは、従来までの、いわゆる占領憲法打倒・占領憲法解体というだけの単調な改憲運動ではダメだということですね」

西田「ええ、やっぱり現実の政治条件がどうかという判断を捨てるわけにはいかない。国民の大多数に刃向かうといった形の運動では絶対に成功しない」

†葦津珍彦のメッセージ

この座談会のなかで葦津珍彦のことが言及されているが、すでに何度か述べたように、『神社新報』で論陣を張った葦津は、戦後の神社界の再建に尽力した大立者だ。葦津が日青協にいかに大きな影響を与えたかは、谷口雅春、三島由紀夫、小田村寅二郎（吉田松陰の縁戚で、「国民文化研究会」主宰）の三人と並んで「四先生」と崇められていることからも分かるだろう。

葦津は一九七四年夏、「生長の家大学生合宿」に招かれ、講演を行っている。その内容は同年一一月号の『祖国と青年』に掲載された葦津の論考「維新か革命か」で知ることができる。それによれば、生長の家信徒の若者たちを前にして葦津は、生長の家教団が現行憲法の欠陥を強く訴えていることには賛辞を送りながらも、「現憲法破棄」という生長の家のスローガンについては賛同できないと、次のように述べている

「怪しからぬ憲法だから無効を宣言せよ、廃棄せよ、こう迫っていったほうが論理的にははっきりしてぃいと云う人がある。憲法が改正されるまで何もできないという立場のほうがすっきりしていいという。これは青年の議論として、非常に直截簡明であって観念的議論としては甚だ明快だとも思うが、私は決して同感いたしませぬ」

「たとえ同感したとしても、現実の政治はそんな議論では動かない。実際政治をそういう議論で放任しておいたら日に日に悪くなるに決まっておる。憲法解釈は反日本的な左翼論のみが無抵抗で横行し、立法では悪法が多くなり、裁判はいよいよ反日本的判決のみが下り、国民精神はいよいよ混乱の度を増し、良識的国民の自信と意気を喪失させるだけになってしまう」

その上で葦津は、紀元節廃止を阻止すべく自ら立ち上がり、「建国記念の日」制定運動に関わってきたことに触れ、伊勢神宮と皇位は不可分の関係にあると政府に認めさせようとした、神宮の真姿顕現運動を取り上げて、こう続けた。

「憲法の解釈であっても、ぎりぎりの線まで日本の国体（天皇を中心とした社会秩序）の線に一致するように要求すべきだ。紀元節も、伊勢神宮の法性格の問題も申しました。努力すれば、よい解釈をさせるようにもっていくこともできるのです。今の憲法じゃあどうにもならぬと云っておるだけではならぬと思う」

「曖昧愚劣な憲法は、結局においては改めねばならないという大きな目標を、国民の前に絶えず示す啓蒙運動は続けるがいい。しかし現憲法下でも、国体精神に基づく現実整理を一歩一歩と前進し、強化して、その力を十分に強め固めていかねばならない」「私は諸君が観念的な口ばかりの過激論理をもてあそぶのでなく、あくまでも着実な日常活動を通じて国体精神を固められることを切望します」

生長の家の教祖・谷口雅春から、「現憲法は占領行政臨時措置法にすぎない。無効破棄を宣言して、本来の明治憲法に復すべきだ」と叩き込まれてきた若者たちにとって、葦津の講演は、計り知れないほどの衝撃だったはずだ。実際、葦津のこの日の講演は、かれらの運動方針を大転換させるきっかけとなったのである。

†「一つ一つの石を積み上げていく努力」

『祖国と青年』一九七六年一〇月号の「天皇陛下御在位五十年奉祝特集」に掲載された葦

津の論考「天皇—象徴の憲法理論　神道人の立場として」でも、現憲法下においても、「天皇の伝統」を守り回復するためにできることはあると力説している。

たとえば現在の皇室典範では、「天皇が御位をおつぎになるときに『祖宗の神器を承く』という条文と、『大嘗祭を行う』との条文は削除させてしまった。皇室の大法の法文存続が許されないため、皇室経済法に『皇位とともに伝わるべき由緒あるものは、皇位とともに皇嗣が、これを受ける』という条文をつくった。『祖宗の神器』はこの『由緒あるもの』の第一であるとの解釈をして、ともかくも神器相承の法を残すことにしている」

旧皇室典範にはあった「祖宗の神器を承く」は、「大嘗祭を行う」とともに、現在の皇室典範では削除されてしまったが、皇室経済法にある「由緒あるもの」を「祖宗の神器」であると解釈して、「神器相承」（神器を受け継ぐこと）を残すことに成功したという。続けて葦津はこう述べる。

「天皇の伝統は最後の一線において悲壮にも守られていると云うべきであろう。こう云えば、日本の精神的文化伝統主義者の中にはただ慨歎し悲観する人もあるだろうが、私は必ずしも同感しない。努力によって伝統回復の道はなお存するのである」と。「伝統回復」の実例として葦津は、神宮の真姿顕現運動のほか、「皇位は神器と共に在り」と訴え続けた末、一九七四年に昭和天皇が伊勢神宮に参拝した際、剣璽御動座が復活したことを挙げ、現憲法の枠内で努力することの重要性を強調している。

それに続けて展開される議論は、葦津が考える運動論の中核を語って余りある。

「一つ一つの石を積み上げていく努力をせず、一つの法律・法令を改正するだけの能力もなく、ただ、『憲法の全面改正』のみを絶叫しているのは全くの空語で、不抜の堅城に空砲を放っているようなものではないか。国史上かつてない屈辱の憲法に私は満足せぬ、日本精神による復古改正が当然に最終の目標でなくてはならない。それには日本的体質を強化し、連合国的病質を克服していく努力が必要だと思う。その道は根気を要する。怠りは許されない。平素不断の努力が大切である。憲法の復古改正の大業は一時一場の空理空論ではできない」

†日青協の運動スタイル

新右翼「一水会」元代表で評論家の鈴木邦男は、かつて生長の家学生会全国総連合（生学連）の一員として、右派学生運動に身を投じ、椛島有三（日本会議事務総長）らと行動をともにした時期がある。その鈴木から、当時の右派学生同士の愛国心競争について、興味深い話を聞いたことがある。

「『俺は天皇陛下のためにいつでも死ねる！　お前はどうだ！』『俺だって死ねる！』……。

高らかに愛国心を謳い、相手がやめるまで『愛国心』を叫び続けた者の勝ち。しつこいヤツが勝つんですよ。でも、愛国心は内心の問題でしょ。そんな我慢比べみたいな競争で勝った、負けたなんてバカバカしい。だけどね、右翼の世界って、そこで最後まで『俺こそ、愛国者だ！』なんて唱え続けるような人が尊敬を集めるわけですよ」

鈴木はその手の人間を数多く見てきた。今でも右翼・民族派の世界では、そうしたタイプの人間が尊敬を集める傾向があると聞く。

他方で、裏方の仕事をコツコツとこなすタイプの人間は、たとえ優秀であっても「事務屋」と呼ばれ、この世界では軽んじられる傾向にあった。こうした中にあって、署名を集めたり、機関誌を発行したり、請願書を採択するよう地方議会に働きかけるなど地道な作業をいとわない椛島ら日青協の運動スタイルは異質だった。気の遠くなるような努力の積み重ねを重視した葦津珍彦の教えは、生長の家の教えを受けた几帳面な人々に「うまくはまった」と私は理解している。

†「元号消滅」への危機感

この時期、元号に法的裏づけのないことが政治問題化した。当時、昭和天皇は七〇歳代。代替わりと、「元号消滅」が現実味を帯び始めた。

一九七五年の衆院内閣委員会で、内閣法制局第一部長、角田礼次郎（後の内閣法制局長官、最高裁判事）は「昭和という元号は、法律上の基礎はなくて、事実としての慣習として現在用いられておる」と答弁し、元号問題は一気に政治課題に浮上した。旧皇室典範には元号の規定があった。だが、戦後になって施行された皇室典範には、元号に関する条文が存在しなかったのである。

日本会議事務総長の椛島は、「元号は新帝陛下の御代になっても存続するだろうという認識だった。答弁で強い衝撃を受けた」（『祖国と青年』二〇一一年六月号）と、当時を振り返っている。なぜならそれは、「左翼の論理がそのまま現実化することを示すものだった」からだ。「元号消滅」である。

当時の椛島からすると、元号に反対する革新勢力は、次のような思念を抱く存在だった。「元号法制化は日本人民を天皇という存在につなぎ止めるための『思想画一化装置の歯車』を作り出すことになる。日本人民を一つにまとめ上げ、侵略戦争に駆り立てていった過ちを再び繰り返すことになる。主権在民の憲法理念に著しく反する」と。

椛島にとって、当時の日本は「有史以来最大」の国難に直面していた。国政では保革が伯仲し、左翼政権の誕生が現実味を帯び、左翼・極左勢力による「戦犯天皇論」がエスカレート。天皇の「Xデー」をあてにした天皇制解体論が横行し、天皇と国民の紐帯《ちゅうたい》である元号が消滅しかねない事態が生じている——。椛島ら日青協は危機感を募らせていった。その末に、従来の運動論を捨てる決断をする。それこそが、先に述べた葦津の運動論に基づく大転換だった。

『祖国と青年』二〇一一年六月号に掲載された論考で、椛島はこう続ける。「国難の状況を一つ一つ逆転し、そこに日本の国体精神を甦らせ、『憲法改正』の道を一歩一歩と前進させる葦津先生の憲法論を学び探求し、『反憲的解釈改憲路線』と名付けて推進していくことになった」

複数の右派活動家の解説を総合すると、ここで椛島らが考えていたのは、次のようなことだ。すなわち、「現憲法の解釈・運用に重点をおき、有利な状況を一つずつ勝ちとっていくことが何より重要だ。昭和天皇在位五〇年奉祝運動や、元号法制化運動などを積み上げ、憲法改正に向けた状況をつくる。これこそが日本精神回復への早道だ」と。これもまた、「急がば回れ」への戦術転換だった。

†安倍晋三の政策ブレーン

日青協が運動方針を大転換したこの時期、『祖国と青年』には「柳田恵三」なる人物がたびたび登場し、解釈改憲路線の重要性について熱を帯びた筆致で主張していた。だが、柳田がいかなる人物であるかは、謎に包まれていた。

「伊藤哲夫・日本政策研究センター代表のペンネームなんですよ」。伊藤に近い文化人が、そう証言する。伊藤と活動をともにしてきた人物に尋ねてみても、同じ答えが返ってきた。

伊藤は、安倍晋三の政策ブレーンとして知る人ぞ知る存在で、現在、神政連と日本会議で政策委員を務める。その論客ぶりは、新潟大学在学中から生学連のあいだで有名だった。生学連本部理論強化部の担当役員などを歴任し、思想面で組織を牽引してきた。

二〇一七年の憲法記念日、改憲派の民間団体が主催した集会に、自民党総裁として安倍首相はビデオメッセージを寄せた。そこでは「九条に自衛隊明記」が提唱され、これが大きなニュースとなった。誰かが入れ知恵したのではないか――、そう噂されるなか、永田町界隈で一気に広がったのが「伊藤哲夫説」だった。

伊藤は、日本政策研究センターの機関誌『明日への選択』(二〇一六年九月号)に論考「『三分の二』獲得後の改憲戦略」を発表しているのだが、その中で「憲法九条に三項を加え、『但し前項の規定は確立された国際法に基づく自衛のための実力の保持を否定するものではない』といった規定を入れる」ことを主張していたからだ。

なぜ加憲なのか。その理由を伊藤はこう述べる。

「護憲派が常に掲げるのは、改憲は憲法が謳う平和、人権、民主主義という普遍的価値を否定するもので、戦後日本の歩みを否定するものにほかならないとの主張だ。我々としては簡単には引き下がれない主張でもあるが、むしろ今はこの反論にエネルギーを費やすのはやめ、こうした議論を無意味なものにさせるところから始める、という提案だ」

その上で、改憲を実現させるには、発想の転換が必要だという。

「現在の憲法は根本からダメだという話になれば、やはり反対勢力としては感情的にも後には引けなくなり、改憲は世論を真っ二つにするイデオロギー的な正面対決となるほかない。ならば、この憲法の平和、人権、民主主義そのものには当面問題はないとし、その上でそれをより一層確実なものにするためにも、憲法の足らざるところは補うという冷静な発想が必要ではないか、と問いかけるという話なのだ」

そして、読者にこう呼びかける。「これはあくまでも現在の国民世論の現実を踏まえた苦肉の提案でもある。国民世論はまだまだ憲法を正面から論じられる段階には至っていない。とすれば、今はこのレベルから固い壁をこじ開けていくのが唯一残された道だと考える」と。

私の取材申し込みに対し、伊藤は電話口で全面否定した。「選挙の結果で状況が変わった。これからどうすべきか、あくまで自分の頭の整理をするために書いた。総理に意見などしていないし、そんなことを言える立場にもない。首相のブレーンだなんて、マスコミの誤報ですよ」

その真否の判断は、今の私の力量では手にあまる。ただ、先に紹介した伊藤の論考は、状況を俯瞰し、冷静かつ客観的に分析、その上で深謀遠慮を説くものだった。間違いなくそれは、葦津の運動論に通底している。

こうして日青協は、生長の家の教祖が説く「占領憲法破棄・明治憲法復元」路線を放棄し、葦津が唱えた現実路線へと舵を切った。その後、日青協は、元号法制化実現運動の事務局に加わって実力を発揮。宗教者や文化人の信頼を得て、一九八一年には改憲を目指す「日本を守る国民会議」を結成。それ以後、憲法、教育、国防を三本柱とする国民運動団体として組織体制を整えていくことになる。

神社界のイデオローグ・葦津珍彦との出会いが、日青協の運動論をシフトチェンジさせたのである。

†元号法制化実現国民会議

一九七八年七月一八日、「元号法制化実現国民会議」の結成式が、東京・赤坂プリンスホテルで開かれた。神社界では神社本庁統理の徳川宗敬、同総長の篠田康雄、神道政治連盟会長の額賀《ぬかが》大興《ひろおき》が役員に就任した。

この日の結成式には約六〇〇人が参加。その後、長きにわたりタカ派文化人の顔となる作曲家・黛《まゆずみ》敏郎の開会の辞で始まった。結成の趣旨と経緯を説明したのは、「日本を守る会」と国民会議の事務総長を兼任することになった、明治神宮の副島廣之。このとき椛島有三は、事務局長に就任している。

式典は進み、沖縄返還の功労者として知られる末次一郎から、規約と役員、運動方針の発表があった。国民会議の議長には、元最高裁長官で「英霊にこたえる会」会長の石田和外が就任。その挨拶で石田は、「今やらんでいつできる。俺がやらんで誰がやる。一同こういう気持ちで元号法制化に取り組んでいこうではありませんか」と決意表明した。

筑波大教授・村松剛の妹で女優の村松英子が、参加者を代表して次のように祝辞を述べた。「私はカトリックですが、日本の元号を大事にします。それは自分の国の文化と歴史を大事にするからです。元号法を決めるのに、どうしてこんな大騒ぎをしているのか不思議に思います」

公明党からは副書記長の石田幸四郎が出席。「公明党は議員連盟（元号法制化促進国会議員連盟）に参加こそしていないが、オブザーバーとして出席した。地方議会でも公明党党員は賛成してきた。現憲法を尊重し、その枠内で素直に考えていきたい。文化遺産として元号には賛成である」などと語り、会場からは拍手が起こったという。

†高橋史朗の覚悟

それから三カ月後（一九七八年一〇月）、元号法制化実現国民会議の総決起大会が東京・日本武道館で開かれ、約二万人が集まった。この日の大会で、以下の決議文が読み上げられた。

一、元号制がわが国民に継承された伝統であり、かつ尊重すべき文化遺産であることを銘記し、国会においてその法制化を議決すべきこと
一、一世一元の元号法の制定が今や遅きに失することを痛切に反省し、いかなる状況にも左右されることなく能う限り速やかにその実現を期すべきこと
一、右の趣旨に基づき元号法案は、目下開会中の臨時国会に上程し、その成立をはかるべきこと
　右、決議する

この決議文を読み上げたのは、後に「新しい歴史教科書をつくる会」の創設メンバーとなる高橋史朗だった。現在は麗澤大学特任教授だが、当時は高校講師で、日青協に属して

いた。高橋は、総決起大会で決議文を読み上げたときのことを手記にし、日青協の機関誌『祖国と青年』（一九七八年一二月号）に寄稿している。

その手記「私は職を賭して訴えた」によると、高橋が決議文を朗読しているシーンがNHKの午後七時のニュースで放映されたため、翌日、勤務校で騒動になったという。「職員室に入るやいなや『昨日のことで大騒ぎですよ』。すぐに職員室はその話でもちきりになった」

教室に入ると、「学校を休んで政治集会に参加することは、教師の政治的中立に反するのではないですか」と抗議してくる生徒もいた。「教師の政治的中立」について高橋は、手記のなかでこう論じている。

「教師の政治的中立について定めている教育基本法第八条には二項目あり、第一項には『良識ある公民たるに必要な政治的教養は、教育上これを尊重しなければならない』とあり、第二項目には『法律に定める学校は、特定の政党を支持し、またはこれに反対するための政治教育その他政治活動をしてはならない』とある」

高橋は、この一項目を前提にして二項目が定められていることをよく考えなければいけないと指摘し、自らの行動を次のように正当化してみせた。

「日本の文化の基盤である元号の問題は、教師の政治的中立以前の、教育そのものを支えている大前提であり、この前提、基盤に立った上で、はじめて第二項の政治的中立の問題が出てくるのだ。元号法制化の運動は日本の最も中核的な文化を継承せんとする運動であり、文化を継承することが教育の中心課題なのだから、学校を休んで元号法制化の大会に参加したという私の行動は、この第八条第一項の精神に反しないばかりか、元号問題という『良識ある公民たるに必要な政治的教養』を尊重して、かかる文化の神髄を君たちに伝えるために教壇に立っている教師として、当然の行動なのだ」

牽強付会にも思える主張だが、高橋は決議文の朗読を引き受けたときから、学校で一波乱あるだろうことは十分覚悟していたという。「しかし、衝突を恐れ、保身に逃避していては、結局何もなしえず、隠れキリシタンに堕すのみであることは目に見えている。生徒にも、授業の最初に『私は辞表を片手に私自身の信念に従って行動しているので、もし私が教師としてふさわしくないと思うなら、いつでも親を通して学校に直訴してくれればいい』と話した」と手記に記している。

その後、高橋史朗は、中曽根内閣の臨時教育審議会の専門委員に就任し、若手教育学者として注目される存在となっていく。

†元号法制化運動という転機

右派・保守の世界にとって、元号法制化運動は大きな転機となった。

神職をも巻き込んだ署名活動と全国遊説、地方議会決議、武道館大会。「地方（議会）による中央制圧」という日本会議お得意の運動スタイルは、元号法制化実現運動を通じて確立した。全国遊説は当事者たちの士気を高め、運動を盛り上げる上で力になったという。数次にわたるキャラバンがおこなわれた頃、機関誌の座談会があり、現在の明治神宮宮司・中島精太郎も熱く語っている。

「国会議員に対しては不満がぶつけられていた。あの時どの議員も臨時国会で実現すると言っておきながら上程さえされなかった」「国民会議の運動方針ではもの足りないという意見があった。例えば、国会陳情じゃなく、国会を包囲してでも実現しようじゃないかと、提案する人たちが少なからずいた」（『祖国と青年』一九七九年一月号）

当時、中島は三三歳。こうした若手の熱心な取り組みもあって、元号法は一九七九年六月一二日に施行されることになる。

一九八〇年一一月、日本青年協議会の結成一〇周年を祝うパーティーの席で明治神宮の副島廣之は、椛島らを称《たた》えてこう述べた。

「着想の良さと申しましょうか、全国県市町村にわたる決議運動が非常に功を奏しました。私はそういう発想はできませんでしたが、やはり若い頭、柔軟な頭脳はすばらしいと思いました。みなさまがいらっしゃらなければ、去年六月六日をもって元号法制化がめでたく成立することには至らなかったのではないかと心から感謝申し上げます」

†「周到に準備された戦略」

一九六九年から七三年にかけて計五回にわたり国会に提出された自民党の「靖国神社法案」、日本を守る会の結成（七四年）、天皇在位五〇年奉祝運動（七五―七六年）、英霊にこたえる会の結成（七六年）、元号法制化実現国民会議の結成（七八年）……。こうした流れに抗い、反対運動を展開した宗教団体も少なくなかった。

右派、ヤクザなどを主題とするノンフィクション作品の開拓者の一人、猪野健治は『現代の眼』一九七九年一一月号に寄稿した記事「神道系中小教団の〝新民族派〟宣言」で、靖国神社法案に反対する教団が、いかに分裂し、運動を後退させられたかを、鋭く分析している。

猪野はまず、「元号法制化が靖国神社法案成立へ向けての戦略であったことは明らかである」と断じる。ここでいう「靖国神社法案成立へ向けての戦略」には、首相らによる公式参拝を要請する運動も含まれているだろう。猪野によれば、神社本庁や生長の家などの靖国推進派は、日本の「慣習」として続いている元号をわざわざ持ち出して、法律で規定しようとすることで、反対派の意見を封殺し、靖国法案に反対してきた教団の分断を図ったという。

靖国法案には敏感に反応し、反対の声を上げてきた各教団も、元号には反対する理由がなかったり、信徒に賛成派が多かったりして、動きが鈍かった。結局、宗教界の中で元号法制化に反対し、実際に行動に移したのはキリスト教系の宗教者とその教団の有志だけだったという。「靖国法案推進派は、元号法案を成立させたことで確実に〝一点突破〟を果たした。反対運動はこれによってその一角が崩れたと言っていい」と、猪野は指摘する。神社本庁や生長の家など靖国推進派の狙いは、まんまと当たったのだ。

靖国法案への反対運動がピークに達した一九七四年、その運動を支えるエネルギーはイデオロギーではなく「素朴な感受性」だと言われた。その「感受性」を形づくったのは、戦前・戦中の新宗教への弾圧、露骨な干渉と軍国主義、国家神道への恐怖・警戒心だったと猪野。「しかしその素朴さゆえに周到な準備のすえに、展開されるイデオロギーに裏うちされた戦略の前にはひとたまりもない。各教団の指導層は、靖国法案には国家神道再興を予兆しえても、元号法案に対してはまるで無力だった」と指摘している。私にはこの解釈がストンと胸に落ちる。

かくして神社界は、かつての青年将校にして、「戦後政治の総決算」を高く掲げる政治家、中曽根康弘の登場を待つことになる。そこでは「建国記念の日」の政府式典開催と、靖国神社の首相公式参拝実現が焦点化されることだろう。そこに大きく立ちはだかったのが、憲法二〇条、八九条が定める「政教分離」の原則だった。

第七章 靖国ふたたび

†論壇誌の物騒な見出し

「靖国神社宮司に警告する」

読売新聞社の論壇誌『THIS IS』一九八六年一〇月号の巻頭言に、こんな物騒な見出しが掲げられた。

当時の首相、中曽根康弘は、「宗教色を薄める」という有識者会議の答申に沿う形で八五年に公式参拝に踏み切っていた。中韓両国はそれに猛反発し、外交問題に発展。翌八六年の公式参拝は中止されている。

日本遺族会がその中核を担う「英霊にこたえる会」などからは、首相を非難する声が上がった。こうした中で読売新聞社は、自社の論壇誌に「靖国の宮司こそ問題だ」と主張する巻頭言を掲載したのである。

「中曽根首相が今年の公式参拝取りやめを決断したのは、A級戦犯合祀に対する隣国の犠牲国民の反発に、外交的配慮をしたからだ」と、首相の参拝中止と靖国神社のA級戦犯合祀の関連性を明らかにしたうえで、この巻頭言はこう続けている。

「日本人は死者に鞭打つのを嫌う。A級戦犯は国際法廷で裁かれて刑死したので、国民の多くは、彼らをそれ以上に裁くのを欲しなかった。しかし、太平洋戦争開戦と、それによる自他国民数百万人の犠牲に対する歴史的責任がなくなったわけではない」「A級戦犯は『戦没者』でない。軍人すらでなかった者もいる。戦場で、国家権力の命ずるままに、無惨に死んでいった戦没者とは本質的に異なる。それを靖国神社当局は政府も知らぬ間に勝手に合祀し、国の内外の反発を呼んだ」

首相の意を受けた財界有力者が、靖国神社宮司の松平永芳にA級戦犯の移転（分祀）を説得したが、松平はこれを聞き入れず、首相は参拝を中止したというのである。

「一宗教法人であって、政府の干渉を排除できるというのも一理ある。だが、それなら、首相や閣僚に公式参拝を求めるのは越権、不遜である」

こう非難した上で、「一宗教法人でも、かつては政府の特別の保護を受け、戦後も全戦没者を祀る唯一の施設として、実際上、公的な地位を占めてきたので、町や村に点在する一神社ではない」と、靖国神社の特殊性を指摘。

最後は代替施設案を持ち出しながら、態度を改めるよう、こう迫った。

「頑固な一人の宮司のために、靖国問題で国論を分裂させるのは許しがたい。こうした不合理を正せないなら、早急に適当な土地に戦没者と公共の殉職者を祀る公的施設を建設し、靖国神社による戦没者独占をやめさせるべきだ。その建設費のための国債の発行には賛成する」

†中曽根首相の公式参拝

一九八五年八月一五日。

中曽根の靖国神社公式参拝は用意周到に、かつ、かなり強引に実行された。

朝日新聞の報道によると、首相が靖国神社に到着したのは午後一時四〇分。首相が車から降り立つ直前、反対派が一斉に抗議の声を上げた。官房長官の藤波孝生、厚相の増岡博之に続いて車から降りてきた中曽根は、左右に会釈しながら拝殿に向かって参道を進んだ。両側を埋めた日本遺族会の人々など約千人の参拝者から歓声があがった。「中曽根さん、ありがとう」「よくやってくれました」「バンザイ」

拝殿に着く。神社祭務部長の荒木田泰久が白衣、袴姿で出迎える。昨年までは烏帽子《えぼし》、狩衣《かりぎぬ》の礼服だった。白衣、袴はいわば普段着。「政府から言われたのか、自発的にしたのか、微妙だ」と神社の担当者。宗教色を薄める「工夫」の一つだろうか。

首相は賽銭箱の左脇入り口で靴を脱ぎ、拝殿に入った。そのまま、本殿へ。本殿の二本の柱の内側には、公費で購入した生花が飾られている。首相を中央に、左に官房長官、右に厚相が横一列に並び、祭壇に向かって約二〇秒の黙禱。そのあと深々と一礼し、クルリと向きを変え、来た道を戻った。この間約五分。首相は表情を変えなかった。

「内閣総理大臣の資格で参拝した。いわゆる公式参拝である」。報道陣を前に、よどみなく答える首相。言葉を継いで、「宗教活動にあたらないように注意し、配慮した」「日本の長い間の国民の習俗、社会通念に従った、憲法に反しない範囲のものだ」「軍国主義や超国家主義になるようなことはない」と、自身の考えを述べる。一年前の参拝の時には公私の別を問われて、「内閣総理大臣たる中曽根康弘として」と答えただけだった。

中曽根らが引き揚げるのと入れ違いに、一八閣僚のうち一五閣僚がそろって参拝に現れた。郵政相の左藤恵、科学技術庁長官の竹内黎一、環境庁長官の石本茂の三人はそれぞれ本殿手前で参拝、他の一二閣僚は本殿にのぼり、「中曽根方式」で参拝した。

この日、自民党のニューリーダーで蔵相の竹下登は二度目の登場だった。午前中に「みんなで靖国神社に参拝する国会議員の会」前会長の立場で、神式で参拝していた。二度目の参拝は「公人だ」としてだった。

もう一人のニューリーダーで外相の安倍晋太郎は「国務大臣として一礼しました」と答え、公式参拝が中国などから批判されている点について、「中国その他、東南アジアの国々には外交ルートを通じ十分説明すれば、ご理解いただけると思う」と答えた。

ところが、政権の読みは大きく外れる。「わが国人民の感情を傷つけた」――。中国側の反発は、外務省の予想を遥かに上まわる激しさだった。首相の靖国参拝は翌年、中止に追い込まれる。

†靖国神社宮司の憤懣

一九八五年、中曽根が参拝したとき、靖国神社宮司の松平永芳は首相を出迎えることなく、社務所の窓から「公式参拝」のためにショーアップされた社頭の様子を眺めていた。松平の講演録『靖國神社をより良く知るために』（靖國神社編、一九九二年）には、中曽根参拝前後の攻防が詳細に記されている。

この書によれば、官房長官の私的諮問機関「靖国懇」が、参拝する際、「手水は使わない、祓《はら》いは受けない、正式の二礼二拍手一礼はやらない、玉串は捧げない、それなら政教分離の原則に反しない」と結論を出したことに対し、松平は「私に言わせれば、『越中ふんどし姿で参拝させろ』というのと同じで、神様に対し、非礼きわまりない、私は認めないと言った」という。

ところが、日本遺族会や英霊にこたえる会の人々に呼ばれ、「せっかく、ここまできたんだから、宮司はゴタゴタ言わないで目をつぶってくれ」と強く迫られた。松平の後見人で、英霊にこたえる会初代会長の石田和外はすでに亡くなっていた。

こうしたなかで松平は、「手水はまあよろしい。前もって潔斎《けっさい》してくるなら、心がけ次第だ。玉串をあげない、二礼二拍手をしないでお辞儀だけも、心の問題。かっこうだけでなく、心から参拝するならとやかく言わない。けれども、お祓いだけは神社側の行うことだから受けてもらわなきゃ困る」と反論している。

火や塩や水で清め、お祓いをするのは日本古来の伝統習俗であって、これが崩されると、地方でも中曽根方式をまねる知事が出てきかねない。松平にとってそれは、神社参拝のあり方を根底から覆す大問題だった。

一九八五年八月一四日、神社を訪れた官房長官に対し、松平は天皇親拝の作法（手水を使い、お祓いを受け、本殿に進み、大きな玉串を持ち、祈りを捧げる）を説明し、「それを全部やらないのは弓削道鏡にも等しい」と言ってのけた。道鏡は、ウソの神託で皇位を奪おうとした奈良時代の怪僧である。

中曽根の公式参拝を、社務所内でやり過ごした松平は、その日の夕刊の写真を見て仰天した。参拝を終えた後の中曽根、藤波、増岡の一団に付き従うボディガードが写り込んでいた。ボディガードが警護に当たることは、まったく知らされていなかった。拝殿から中は、きれいに掃き清めた清浄な聖域。天皇であっても、拝殿でお祓いを受けたあとは、警護はつかない。

「ボディガードを四人も、自分を守るために連れていくのは何たることか。靖国の御祭神は手足四散して亡くなられた方が大部分。その聖域で御身大切、後生大事と、天皇様でもなさらない警備つきとは何事かと、七年経った今でも無念の感情が消え去りません」

靖国神社宮司の松平をその巻頭言で批判した『THIS IS』。「中曽根さんに近い読売新聞から出ている」論壇誌に自分を批判する記事が掲載されたことについて、松平は自著で「光栄の至りというべきでしょう」と皮肉り、紙幅を割いて次のように反論している。「（引用者注：靖國神社は政府も知らぬ間に勝手に合祀し、国の内外の反発を呼んだとあることに対し）勝手にではなく、国会で決めた援護法の改正に従って合祀をした。しかも、そのとき、中曽根さんは議員になっているんです」「（引用者注：A級戦犯の移転を説得したが、頑迷な宮司は聞き入れなかったので、首相は参拝を中止したと首相側の言い分が記されていることに対し）A級戦犯という東京裁判史観をそのまま認めたうえ、邪魔だから合祀された御祭神を移せと。とても容認できることではない。参拝をやめたのも宮司が悪いからだと人のせいにする」と。

松平にしてみれば、東京裁判で死刑を宣告され処刑された人々も一般戦没者と同等に扱うと政府が国内法で決めたのであって、神社の独断で合祀したのではない。そもそも、政府は東京裁判史観に縛られているため、海外からの抗議をはねつけられずに参拝中止になったのに、それを靖国神社のせいにするな、という思いだったのだろう。

†「国立追悼・平和祈念碑の建設を」

保守的な紙面作りから誤解している向きもあるかもしれないが、こと靖国神社問題に関して言えば、読売新聞の論調は一貫して厳しい。

第二次安倍政権が発足してから一年後の二〇一三年一二月二六日、安倍晋三は靖国参拝を実行している。この時の読売新聞社説は「首相靖国参拝　外交立て直しに全力を挙げよ」との見出しを掲げ、国立追悼施設を検討すべきだと、次のように強く訴えた。

「靖国神社は、合祀した御霊《みたま》を他に移す分祀は、教学上できないとしているが、戦争指導者への批判は根強く、『A級戦犯』の分祀を求める声が今もなおある。／首相は、靖国神社の境内にある『鎮霊社』に参拝したことも強調した。靖国神社には合祀されない国内外の戦死者らの慰霊施設である。そうした配慮をするのなら、むしろ千鳥ヶ淵戦没者墓苑に参るべきではなかったか。／今の靖国神社には、天皇陛下も外国の要人も参拝しづらい。無宗教の国立追悼施設の建立案を軸に誰もがわだかまりなく参拝できる方策を検討すべきである」

小泉純一郎が首相を務めていた二〇〇五年、日本会議系勢力の大々的な呼びかけもあって、終戦記念日の靖国神社には二〇万人を超す人が訪れたという。

その秋、読売新聞グループ本社会長・主筆の渡辺恒雄が、超党派の国会議員からなる「国立追悼施設を考える会」の勉強会に招かれた。講演の様子が、〇五年一一月二五日付読売新聞朝刊に紹介されている。

それによれば、靖国神社のあり方について、渡辺は「歴史認識を間違えさせる施設が（靖国神社の）遊就館だ。社務所の出版物も戦争責任の反省があった上で戦没者に追悼の意を表する趣旨がない。『A級戦犯はぬれぎぬを着せられた』というようなことが書いてあり、納得できない」と批判を展開した。

そのうえで、「小泉（首相）さんは戦争体験はないだろうが、まじめな歴史研究を重ねて想像力を巡らせば正しい判断ができる」と指摘し、首相は靖国神社に参拝すべきでなく、いま必要なのは国立追悼施設の建設であるとして、次のような要望を出している

「（戦争責任に関し）身ぎれいにして、外国にものが言えるような立場にならなければならない。とりあえずは中立的な無宗教の国立追悼・平和祈念碑の建設を決定していただきたい」

†松平永芳の来歴

この年の七月、松平は九〇歳でその人生を閉じた。もし松平が、読売新聞に掲載された

渡辺の記事を目にしていたなら、心穏やかではいられなかったに違いない。松平永芳とは、一体どんな人物だったのだろうか。

松平永芳は、幕末四賢侯の一人として知られる福井藩主・松平慶永《よしなが》（春獄《しゅんがく》）の孫だ。春嶽は、幕末の志士・橋本左内らを登用した開明派大名で、その子、松平慶民《よしたみ》は敗戦直後に最後の宮内相を務めている。永芳は、慶民の長男として一九一五年に東京で生まれた。

父の教育方針でカトリック系の暁星中に通い、卒業後は海軍機関学校へ進学。大戦中は駆逐艦の機関長、サイゴンの根拠地隊参謀を務め、終戦時には少佐となっていた。戦後は保安隊（後の陸上自衛隊）に入隊。近衛兵もいなくなった皇居を守るには、海の上でプカプカ浮かんでいるわけにもいかない、というのがその理由だった。一九六八年に一佐で定年退職している。

リタイア後、旧藩地の福井市で市立郷土歴史博物館館長となり、その後、靖国神社から、宮司になるようお呼びがかかった。靖国神社は単立宗教法人なので、神社本庁が定める「神職」でなくてもかまわない。松平に白羽の矢が立ったのは、中学時代に、父と同郷で親交のあった東京帝大教授の平泉澄の家に一年ほど住み込んで学んだことも大きかった。

松平のことを靖国神社の宮司に推薦し、説得に当たったのが、同じ福井県出身の元最高裁長官、石田和外だった。ここでも福井人脈が活かされている。石田は先述したように、

「英霊にこたえる会」と「元号法制化実現国民会議」の会長・議長を務めた人物だ。

靖国神社のA級戦犯合祀が報じられた翌日、石田は九段会館で開かれた「こたえる会」の総会で、「戦争犯罪人という言葉を使っていますが、日本人からみれば犯罪どころか、その時におられた方々、裁判にかかわった人たちの心中を察しなければならないのです」と、松平の判断を是としている。

松平は、どのようにA級戦犯合祀に至ったのだろうか。

松平の講演録にその経緯が詳しく記されている。松平は宮司に就任する前から、「すべて日本が悪い」という東京裁判史観を否定しなければ日本の精神復興は実現し得ないと考えていた。一九七八年七月に宮司に就任し、総代会議事録などを調べてみると、合祀は既定路線となっており、その時期は宮司預かりとなっていることがわかった。そこで、この年の一〇月に行われる合祀祭までの日程を担当者に確認したところ、必要な手続きは間に合わせられるとの返事だったので、「思い切って一四柱をお入れした」という。

いわゆるA級戦犯を合祀し得る「根拠は明白」だと松平は言う。

なぜなら、日本が米国をはじめとする連合国との戦闘を完全にやめたのは、サンフランシスコ講座条約が発効した一九五二年四月二八日のこと。しかるに東京裁判は四六年に始まり、四八年に判決が下されている。したがって、東京裁判は戦闘状態が継続する中でおこなわれ、そこで死刑を宣告され処刑された人々は、戦闘状態の最中に殺されたことになる。であるなら、このように処刑された人々は、戦場で命を落とした人々と同じ立場であって、合祀に何ら問題はない、というのが松平の理屈だ。

一九五三年の国会では、「超党派で援護法（戦傷病者戦没者遺族等援護法：引用者注）が改正されている。いわゆる戦犯死亡者も一般の戦没者とまったく同じ取り扱いをするから、すぐに手続きをしなさいと厚生省が通知している。合祀するのに何の不都合もない」と、松平は判断した。

ただし、一四柱の合祀が事前に外部に漏れて騒ぎになるのを防ぐために、職員には箝口《かんこう》令《れい》を敷いた。合祀祭の翌日、秋季例大祭にやってきた遺族に知らせることにしたのだが、その時、どう伝えればいいのか、慎重に言葉を選んだようだ。

「昨晩、新しい御霊を一七六六柱、御本殿に合祀申し上げました。この中に」に続けて、どう言えばいいのか。「東条英機命《ひできのみこと》以下……」では刺激が強すぎる。結局、「祀るべくして今日まで合祀申し上げなかった、白菊会に関係おありになる一四柱の御霊もその中に含まれております」という言い方になった。白菊会（白菊遺族会）とは、東京裁判で戦犯とされ、刑死もしくは病死した人物の遺族会のことだ。

「そのころは、新聞は知らなかったのか。一切騒ぎませんでした。半年後の春季例大祭の直前に、大平クリスチャン首相の参拝と抱き合わせで、いわゆるA級（戦犯）合祀をマスコミが大々的に取り上げ、大騒ぎいたしました」

松平の『靖國神社をより良く知るために』からは、A級戦犯合祀にいたる舞台裏を詳しく知ることができ、同時に、松平の固い信念を見て取ることができる。

松平永芳がどのような人物であったのか、神社関係者に取材をしてみると、「改革者」としての一面もあったそうだ。一部神職からは、靖国神社の宮司選任は名誉職的なものではなく、従来人選に関わってきた霞会館（旧華族会館）との関係を断ち切ろうとした功績者が松平だったという声も聞いた。

「賊軍の合祀に含みをもたせたと受け取られかねない発言をした先代宮司（徳川康久）が世間的には『よいことを言った。西郷さんも祀ればいいんだ』と注目を浴びたようですが、神社存立の理念にかかわる重大な問題です。明治天皇の勅命をもって靖国神社は存在する。その根底を覆すようなことがあっていいはずがない」（複数の神職）

松平永芳はその点、揺るぎない信念を持っていた。後継者の宮司には、霞会館の人脈とは無関係な大野俊康、湯澤貞と「非霞会館人事」が続いた。「霞会館出身者が一概に否定されるものでもないが、靖国神社の宮司は名誉職であってはならない。靖国の御祭神をお祀りするにふさわしい人を、広く神社界から探そうというレールを敷くべく努力をした」

（先述の神職たち）のだという。

非霞会館人事にはさまざまな評価があるのは承知のうえだが、一言居士の松平が、一部の神職のあいだで今なお高く評価されているということは、一言付しておくことにしよう。

†A級戦犯合祀の取り下げ工作

だが、そうした評価は評価として、A級戦犯の合祀が四〇年をへた今も、国内外に影を落としていることは否定しようがない事実である。

中曽根参拝以降、自民党首脳からも合祀に疑問が出された。党幹事長の金丸信は政府与党首脳会議で「乃木希典大将や東郷平八郎元帥が祀られておらず、東条元首相がなぜ祀られているのか、私もそこがおかしいと思う」と発言。党副総裁の二階堂進は二日後、駐日中国大使と会談し、「私も東条元首相らが祀られているとは知らなかった。中国の国民感情はよく分かる」と述べた。

そうした政官による知らぬ存ぜぬの「火消し」の甲斐もあり、靖国問題は一応の区切りがついたように政府首脳は述べたりもしたが、実際はそうではなかった。遺族に対し、A級戦犯合祀を取り下げるよう、水面下の工作が始まっていた。

日本遺族会事務局長から自民党参院議員となった板垣正は、A級戦犯として処刑された陸軍大将・板垣征四郎の遺児として合祀を願う思いと、官邸から期待される使命（分祀に向けた環境整備）との板挟みの中、別の遺族たちに「A級戦犯合祀取り下げ」を提案している（『靖国公式参拝の総括』展転社、二〇〇〇年）。

板垣正は一九八〇年の初当選以来、首相の公式参拝の実現を最大の目標とし、参拝を定着させることこそを自らの使命と念じてきた。こうしたなか、板垣は一九八五年一一月上旬、旧日本軍の先輩から、次のような助言を受けた。①戦犯遺族は、合祀取り下げについて靖国神社と話し合いをもち、問題を決着させる以外にない、②A級戦犯として処刑された人々は部下思いだった。今日の情勢では合祀を喜ばれず、取り下げを望んでいるのではないか、③ひそかに祀られた人々は、ひそかに取り下げるのが理想である、と。

「当時、追い詰められた心境にあった私は、一条の光明を見出した思いに駆られた」と板垣。早速、白菊遺族会会長の木村可縫（陸軍大将、木村兵太郎の妻）に相談したところ、全面的に賛成してくれ、関係遺族の意向がまとまるなら、靖国神社に申し入れるということで一致したという。

ところが、関係遺族に文書を送る前に、東条英機の次男である東条輝雄（元三菱自動車社長）に意向を確認すると、取り下げに反対だった。一九八五年一一月下旬、東条の勤務先、三菱自動車本社（東京・三田）を訪ねた板垣は、「（東条の）主張は正論そのもので、論議の余地はなかった」と、短時間で面会を切り上げている。
東条は、おおむね次のような主張をしたという。
①「A級戦犯が合祀されているから靖国神社に日本の首相が公式参拝できない」という議論は、東京裁判での戦勝国側の論理、一命を賭して反論した被告側遺族として同調できない、②A級戦犯合祀の是非は、遺族として発言しうる立場にない。しかし、合祀されたことは、戦没者として認められたわけで、遺族として感謝する、③「合祀取り下げ申し出が故人の遺志に合致する」という提案者の見解はまったくの誤解だ。故人が日本の国家国民に対して痛感していた重大責任は、敗戦という結果に対する責任である、④日中間の靖国問題は、日中両国の政治家が不適当な言動をしたために起こった問題である。我々遺族が解決に当たらねばならぬ筋合いではない――。
東条との面会を終えた板垣は、白菊遺族会会長・木村可縫にその報告をした。関係遺族の意思統一は事実上不可能であることを確認、構想は白紙に戻し、板垣が個人の立場で神社側と折衝することになった。一二月中旬に板垣は松平永芳らと会い、神社側の意向をただした。松平らは分祀について消極的で、極めて慎重だったという。

このとき、旧陸軍参謀・伊藤忠商事元会長の瀬島龍三、血盟団事件の四元義隆らが遺族・神社関係者の説得に当たったと伝えられている。

†石原慎太郎の発言

Ａ級戦犯合祀の問題は、いまなお解決の糸口を見出せないまま、迷宮をさまよっている。だが、保守派を標榜する人であっても、「Ａ級戦犯」という言葉を使うかどうかは別にして、戦争指導者、それも時の最高権力者と、赤紙一枚で召集され、戦病死した名もなき兵士とが一緒に祀られていることに違和感をいだく人は少なくない。

無数の日の丸の小旗が振られるなか、靖国を参拝したことのある元東京都知事の石原慎太郎は、靖国神社のＡ級戦犯合祀に昭和天皇が不快感を示したことを示す「富田メモ」が見つかったという日本経済新聞の報道について、二〇〇六年七月二一日の都庁定例記者会見でこう明言したことがあった。

「お気持ちはよく分かります」

そのうえで、「Ａ級戦犯には気の毒な立場に立たされた方もいるし、明らかに戦争の責任者もいる」と述べ、「私は今年も行きますが、戦争の責任者だと思っている人間を祈るつもりは毛頭ない。その者らは心の中で無視して参拝します」。そう言い切った。

私の知る日本青年協議会の関係者は、石原のこの発言を知った時、「本当にがっかりした。裏切られた」と憤慨していた。だが当時、石原のタカ派的な発言や都政私物化問題を追及していた私は、むしろ石原にはこんな一面があったのかと驚かされたのを覚えている。

†初代防衛相の分祀論

二〇〇七年に初代防衛相に就任した久間章生は、浄土真宗本願寺派（西本願寺）の門徒である。久間は、靖国神社の祭神には違和感が拭えないという。

「判断を誤った戦争指導者まで神だと言い、命令に従った兵士と一緒に祀るのでは、兵士が浮かばれない」「A級戦犯は戦勝国がつくったもの。A級だから外す、外さないというのは違う。しかし、少なくとも東条英機は自他共に認める戦争指導者。彼ら自身、靖国に祀られることを望んでいないと思うんだよなあ」

東条英機は盧溝橋事件当時の関東軍参謀長で、近衛内閣の陸相時代には日独伊三国同盟と対米英開戦を主張。一九四一年一〇月に首相となり、陸相、内相を兼任。同年一二月八日には太平洋戦争開戦に踏み切った。その間、外相、文相、商工相、軍需相を兼務していた時期もあり、四四年には参謀総長まで兼ねた。

「そもそも、日米開戦をシミュレーションさせた会議で、物量的に支援態勢が整わない日本は最後には負けるとの結論が出た。なのに、東条はその時、『日露戦争だって分からなかった（けれど勝てた）』と押し通した。いかに戦争を短期に早く終結しなければいけないかを知りながら、ダラダラと長くやり、犠牲を大きくした。その人が神なのか」

そう憤る久間は、読売新聞や中曽根周辺と同様に分祀論者だ。

ならば「分祀」が実現しさえすれば、靖国問題はすべて解決となるのだろうか。そうではない。はっきりしているのは、政教分離という、古くて新しい問題は残ったままだということだ。

†国家と宗教

戦前、大本教やひとのみち教団、天理本道などの新宗教や、キリスト教は苛烈な弾圧を受けている。一方で、大日本帝国憲法は、信教の自由を保障していた。第二八条には「日本臣民ハ安寧秩序ヲ妨ケス及臣民タルノ義務ニ背カサル限ニ於テ信教ノ自由ヲ有ス」とあった。にもかかわらず、その権利が守られなかったのは、政教分離というシステムが取り入れられていなかったからだ。

戦後、日本国憲法はその反省の上に立ち、国家と宗教を切り離すと同時に、宗教団体や個人の信仰に国家が干渉しないよう条文を設けた。次に掲げる第二〇条、第八九条がそれだ。これにより、政教分離の原則が明確になった。

第二〇条　信教の自由は、何人に対してもこれを保障する。いかなる宗教団体も、国から特権を受け、又は政治上の権力を行使してはならない。
2　何人も、宗教上の行為、祝典、儀式又は行事に参加することを強制されない。
3　国及びその機関は、宗教教育その他いかなる宗教的活動もしてはならない。

第八九条　公金その他の公の財産は、宗教上の組織若しくは団体の使用、便益若しくは維持のため、又は公の支配に属しない慈善、教育若しくは博愛の事業に対し、これを支出し、又はその利用に供してはならない。

一九七一年、日本のあるべき政教関係を求めて、「政教関係を正す会」が設立されている。この団体の初代会長には、憲法改正論者の大石義雄京大教授が就任。津地鎮祭訴訟を、合憲とする立場から支援した。一方、政教分離を徹底する立場から、「政教分離の侵害を監視する全国会議」(政教分離の会)が創設され、七四年五月に結成大会が開かれている。

†政教分離訴訟

昭和の終わりから平成の初めにかけて、複数の政教分離訴訟が起こされ、重要な判決が相次いで言い渡されている。津地鎮祭訴訟、山口殉職自衛官合祀訴訟、大阪箕面忠魂碑訴訟、神社参道舗装の公費負担訴訟、中曽根公式参拝をめぐる違憲訴訟など。このほか、神社への協賛金の、自治会費からの負担をめぐる問題が各地で起きている。

一九九七年四月には、政教分離をめぐる訴訟で重要な判例となる最高裁の判決が言い渡された。「愛媛玉串料訴訟」上告審判決である。

愛媛県が靖国神社に納めた玉串料などは公費で賄われており、これは政教分離を定めた憲法に違反するとして、当時の県知事らを相手取り、支出した公金を県に返還するよう住民が求めた訴訟で、最高裁大法廷（裁判長・三好達）は「公費支出は憲法が禁止した宗教的活動に当たる」との判断を初めて示した。

論理構成に違いはあるものの、一三人の裁判官が違憲と判断。裁判長の三好（日本会議名誉会長）ら二人は、合憲とする反対意見を述べている。

この訴訟に関わってきた憲法学者の百地章は、『祖国と青年』（一九九七年五月号）に掲載されたインタビュー記事「最高裁判決を狂わせた『国家神道という神話』」で、こう話した。

「判決を書いた判事たちは、占領教育の影響をもろに受けて育った俗にいう『危険な世代』」で、「この点、合憲意見を示した三好長官は海軍兵学校の最後の卒業生ですから、まあぎりぎりのところ。それ以外のほとんどは戦争を直接体験せず、『戦前はすべて悪かった』式の占領政策の影響を徹底的に受けてきた人たちです」

戦争経験の有無、戦前の教育を受けたか否かで、裁判官としての適否を論じている。判決内容についても、「だから、靖國神社についても『戦後は単なる一神社、一宗教法人になったんだから、特別扱いする必要はない』という発想。そういう人たちが中心になって判決を書いてしまった」と、同じような視点から、判決を切って捨てた。

このインタビュー記事で百地は、政教分離について「日本人の憲法学者たちがGHQの言い分をそのまま採用し、憲法の解釈書を出した。その結果、日本国民自身が、国家神道に対する反省から憲法の政教分離規定を作ったんだと本気で思い込むようになってしまった」とも指摘。こうした刷り込みを背景に、判決は「国家神道を自ら検証しようともせず、『悪であった』と初めから決めつけてしまっている」と批判。葦津珍彦や阪本是丸（葦津門下）の研究を引き、「神社は宗教以上のものである」と持論を展開し、布教活動ができないようにしたのは、浄土真宗を中心とする仏教教団だと指弾している。

「むしろ戦争遂行を煽ったのは仏教教団、特に真宗かもしれませんね。だから真宗教団では戦後になって内部から戦犯教団だったとの告発や批判さえ出てきた」「判決で『国家神道の名において他の宗教が弾圧された』と非難されていましたが、これは事実ではない」

などとし、こう結論づけた。

「今回の多数意見では、『政教分離規定の成立の経緯を踏まえるならば玉串料はだめだ』という論理展開です。要するに戦前の反省。『国家神道という神話』を徹底的に批判していくことが、これからの課題ではないかと思います」

†現実味帯びる、自衛隊員「戦死」

二〇一七年二月、南スーダン国連平和維持活動（PKO）派遣部隊をめぐり、防衛省が「廃棄したので存在しない」としていた日報がみつかった。政府による国会答弁の前提が覆る異常事態だった。しかも、一六年七月の日報には、首都ジュバで起きた政府軍と反政府勢力の大規模な戦闘が生々しく記録されていた。

終戦を迎えるまでの日本は、天皇および国家に殉じることが最高の道徳とされ、戦死者を祀ってきた。それが戦後になり、政教分離を定めた日本国憲法のもと、殉職した自衛隊員の処遇が変わった。南スーダンでの日報を見る限り、自衛隊の活動範囲が広がる中で「戦死」が現実味を帯びてきたと言わざるをえない。そのとき、隊員はどう遇されるのか。

東京・市谷の防衛省には慰霊碑地区（メモリアルゾーン）がある。二〇〇三年に完成した。自衛隊の前身である警察予備隊での殉職者も含めると、現在、その総数は一九〇〇人を超す。訓練中の事故などが主な原因だ。毎年秋には、首相らの参列のもと、ここで無宗教の追悼式が催される。

慰霊碑地区整備のきっかけは、二〇〇三年に始まった、自衛隊のイラクへの派遣だった。防衛庁長官、防衛相を務めた久間章生によると、「自衛隊員も靖国に合祀してはどうか」との意見もあったが、政教分離の原則に鑑みてそれは無理筋だという話になり、立ち消えになったという。

今後、靖国への自衛官の合祀論が再び浮上することはないのだろうか。

安倍晋三の靖国参拝（二〇一三年）に反対し、違憲訴訟を起こしてきた木村庸五《ようご》弁護団長も、そうした懸念を抱く一人だ。「国家のために一命を投げ出させるという、靖国を中心とする装置は非常に強固。国家主義的な勢力が簡単に手放すはずがないと思う」と指摘する。

自衛隊が活動範囲を広げる中で、仮に「戦死」（公務死）といった事態が起きた場合にどう対応するのか、靖国神社に取材をしたことがある。二〇一七年八月、靖国神社社務所の回答は、次のようなものだった。

「当神社は戦争・事変等の戦時下において、国家により戦没者と認定された方々を御祭神として合祀してきた経緯に照らし、今後もその方針に変わりはありません。しかるに、わが国は先の大戦が終結してから今日に至るまで、平和国家を築き上げてきました。当神社は『靖国』の名が示すとおり、平和な国家を建設する理念のもとわが国の平和を祈願する神社であり、将来におけるわが国の戦没者を想定して、当神社がその対応について発言することは致しません」

第八章 有名神社の離反

†日光東照宮の離脱

日光東照宮は、神社本庁を離脱した単立の宗教法人である。

日光東照宮の離脱について、神社本庁は一九八六年三月二七日、報道陣の求めに応じて次の談話を発表した。

東照宮の離脱が決定した。極めて遺憾である。問題の発端は同宮首脳の任命に際し、日光側から任命者である統理に金員が贈られたことにある。本庁人事委員会は浄財をもって賄賂に類する行為をなした神社首脳部の任用を不可として却下したのは当然であって、もしこれを本庁が認めれば、日夜血のにじむ苦労を重ねて神社奉仕につとめている全国二万人の神職たちの誇りと使命感を踏みにじることになろう。本庁としては断じて容認しうることではない。

しかし、東照宮は、神職としてあるべき姿を求める本庁に対して、いささかの反省の色なく、あくまで当初の具申に固執し続け、遂に本庁が承認しないとみるや、離脱の挙に至ったものである。

ここに至れば、残念ながら日光東照宮は、清く明るく正しい奉仕精神を欠いた悲しむべき状況になったと考えざるをえない。
同宮に鎮まります神霊に対して心から申し訳なく、恐懼に堪えない思いである。

説明するまでもないが、日光東照宮は徳川家康を祭神とする有力神社である。近年ではユネスコの世界文化遺産に「日光の社寺」として登録され、国内外から年間二五〇万人超（二〇一七年、同社）の観光客・参詣者を集める日本有数の人気スポットでもある。この有力神社が、神社本庁からの離脱をめぐり大騒動となったのは一九八〇年代だった。

現在の日光東照宮宮司、稲葉久雄（当時、禰宜）を権宮司にするという人事案件で、東照宮側と、最終的な任免権をもつ神社本庁側が対立。それだけでなく、東照宮の宮司・額賀大興の後任に、京都・賀茂別雷《かもわけいかづち》神社（上賀茂神社）の宮司をあてようとしたことや、神社本庁の内部情報が業界紙「新中外」に逐一掲載され、それが東照宮を中傷する論調だったこともあり、週刊誌や一般紙が入り乱れる泥仕合となった。

†神社本庁側の言い分

まずは、神社本庁の庁報『月刊若木』から、神社本庁側の言い分を整理してみよう。

第四三七号（一九八六年五月一日）には、離脱が決まった翌日に出された黒神直久神社本庁総長と、藤本勝喜神社本庁評議員会議長（後の神道政治連盟会長）の連名による都道府県神社庁長あて通知のほか、神社本庁が八五年に発表した「日光東照宮離脱に関する神社本庁の基本的見解」などが掲載されている。

後者の「基本的見解」には、対立の経緯がコンパクトにまとめられているので、そこから諍いの原因を探ってみよう。この文書は、東照宮側の離脱通知（八五年五月四日付）提出を受けて、神社本庁が発表したものだ。

「そもそも東照宮の神社護持運営に対する姿勢が論議される端緒になったのは、昭和五六年（一九八一年）八月、東照宮が設立した株式会社日光東照宮文化事業団が問題となって表面化したことにある」という。文化事業団は、参拝客の誘致とそれに伴う観光事業などを目的に設立されたもので、これと似た取り組みをしている神社は他にもある。だが神社本庁は、東照宮の営利活動は行き過ぎていると見たようだ。

東照宮の文化事業団が問題化した時期は、神社本庁憲章が制定された時期と重なっている。一九八〇年に議決されたこの憲章には、神社本庁の目的、祭祀のありかた、神社の本義、神職の使命などが定められており、神社界の精神的な規範とされている。制定に五年の歳月を費やしたという。

鳴り物入りで神社本庁憲章を掲げた直後ということもあって、神社本庁は、東照宮による株式会社設立が神社界の信用失墜につながることを危惧し、会社をすみやかに解散するよう勧告している。

東照宮側は出資金の引き上げを確約するとともに、解散決議の報告をした。ところが実際には本店を東京に移し、会社名も変えずに事業を行っていたという。神社本庁は、約束を反故にされたと受け止め、こうした動きの背後に、やり手として知られる東照宮の稲葉久雄（当時は禰宜で総務部長）の存在を見ていたらしい。

†現金の付け届け

東照宮、神社本庁、双方ともに対立の兆しを感じ取っていたであろう一九八三年一一月、日光東照宮の責任役員会は、権宮司の病気退任をうけて、稲葉久雄をその後任に据えるべく、権宮司への昇格を具申した。それから一〇日ほど後のこと、徳川宗敬神社本庁統理の自宅に、東照宮職員が金員《きんいん》（現金）をひそかに包み届けていたことが発覚した（庁報）。統理は総長の上に位置する役職で旧華族がつくケースが多い。こうした事態を受けて庁報は、「まことに悲しむべきことであり、かつてない不祥事というべきである」と慨嘆している。

神社本庁は、統理に非礼をはたらいたとして、その責任をとらせるべく、東照宮の宮司、額賀大興に辞職を求めた。その後、しばらくしてから、稲葉久雄を権宮司にという東照宮側の具申を、神社本庁人事委員会が却下した。

一連の東照宮離脱問題についての本庁執行部の指針を掲載した庁報四三七号によると、「御社柄に鑑み、将来の神威発揚を図るため、この際、宮司および権宮司は斯界（神社界）において広く人格識見を認められている候補者を選考の上、具申されることが望ましい」と理由を添えて申請却下を通知したという。要するに、稲葉の人格および識見に問題があるので、人事具申は承認できないと突き返したということだ。

「新中外」という業界紙にその内幕が詳しく載った。このため東照宮側は、神社本庁と「新中外」に癒着があるのではと疑いを深めていく。と同時に、東照宮の人事について、地元責任役員会の意向（人事具申）が尊重されず、これにより本庁との信頼関係が損なわれたとして神社本庁に抗議し、離脱へと傾いていった。

それでも、話し合いが行われ、一度は事務方レベルで和解へと向かう。だが、執行部のところで決裂した。庁報は「〝円満な解決〟を目指しつつも、しかし、〝正しい解決〟への本庁の立場を貫くよう、格別の配慮をしながらできる限りの努力をしてきた。だが、その甲斐なく離脱となったことは遺憾である」とし、そのうえで、東照宮側が指摘する「新中外」との癒着なども一切なかったと結論づけている。

†総長からの「指導」

一方、東照宮側の視点から書かれたと思われる諸沢達郎の『神社本庁　崩壊の危機』（情報企画印刷、一九八五年）を読むと、統理に現金をわたした経緯および理由が、神社本庁の説明とは大きく食い違う。八三年一一月一二日、栃木県神社庁長が人事の申請書を携え、神社本庁の黒神総長に面会した際、黒神から「輪王寺との和解を徳川統理は心配していた。日ごろ何かとご挨拶が足りないのではないか。東照宮は気が利かない」という「指導」が入ったのが、そもそもの始まりだという。輪王寺と東照宮は明治以来、建造物の所有権などをめぐり紛糾。八〇年代初頭、ようやく「和解」にこぎつけた。

黒神と会った栃木県神社庁長はその二日後、「指導」の一件を、東照宮の額賀に伝えた。総長の意向とあれば、何もしないわけにはいかない。こうして同月二二日、東照宮の職員二名を伴って額賀は神社本庁統理室を訪ね、日光杉並木の保存などについて相談にのってもらい、その後、職員二人が統理の自宅へ向かい、応対した家人に、現金二〇〇万入りの菓子折箱を渡したという。

諸沢に言わせると、統理には東照宮関連の役職を務めてもらったり、杉並木の保存に尽力してもらったりしている。さらに総長から、輪王寺との件で徳川統理に心配をかけ、

「指導」されたことを考えれば、現金提供も「やむをえなかった」と東照宮側をかばう。

この現金提供の責任を、神社本庁は宮司の額賀に取らせようとしたが、それは総長の「指導」に端を発したことであり、現金をひそかに包み届けたことは、「稲葉氏の昇進却下の口実に利用された」のではないかと諸沢は推測する。

†トップ二人を欠く異常事態

一九八四年七月、病状の悪化により東照宮の権宮司を退任したいという矢島清文の希望は受理しながら、後任として推された稲葉の昇格人事は却下されてしまう。宮司の額賀大興は、現金贈与のかどで辞表を提出させられていたため、東照宮はトップ二人を欠く異常事態に陥った。

神社本庁が後任の宮司として提案してきた阿部信は、前総長・篠田康雄の信任あつい人物だった。不祥事続きの京都・賀茂別雷神社を再建した手腕を買われての「起用」だったが、額賀より三歳上の八〇歳。東照宮の責任役員会はこの提案を受け入れず、対立はさらに深まり、混迷の度は一段と増していった。

巷ではまことしやかに次のようなことが語られたという。「神社本庁の篠田康雄前総長と額賀大興宮司の関係が友好的でないから、額賀追い出しに本庁は懸命だ」「日光東照宮の金銭的な潤いを神社本庁がほしいままにしたいと画策している」と。東照宮にとって、稲葉の人事案件を契機とする「新中外」の東照宮攻撃は、それまで何度かあった「額賀追放、稲葉つぶし」の再来と映ったのではないだろうか。

†三人の最高指導者

篠田、黒神、額賀——。三人は同年代で、いずれも当時の神道界の最高指導者たちだ。篠田康雄は、伊勢神宮禰宜などを務めた篠田幸雄の三男として一九〇八年に三重県宇治山田（伊勢）市で出生。神宮皇学館を卒業し、三五歳になる前に熱田神宮権宮司になっている。若い頃から将来を嘱望されていたのだろう。五九年から一五年間にわたり神社本庁常務理事を務め、六四年には熱田神宮宮司に就任。七四年六月に神社本庁事務総長（総長）となり、三期九年にわたり事務方トップを務め、篠田時代を築いた。

任期中に情熱を傾けたのが、神社本庁憲章だった。世俗化が進む中にあって、神職としての規範を確固たるものにする必要があるとしてこれを定め、神職の指導機関・中央研修所の設置にも尽力した。戦後になって廃校になっていた皇学館の再興にも貢献した。「人事の人」と言われ、周囲に怠りなく目配りする人だったようだ。戦後神社界の大物中の大物だったと聞く。

黒神直久は一九〇七年、山口県都濃《つの》郡徳山町（現・周南市）に生まれる。父親は遠石《といし》八幡宮の神職だった。国学院大学を卒業後、黒神は地元山口に戻り、戦後は遠石八幡宮の宮司を務めるかたわら、山口県教育委員に公選で選ばれ、五二年には徳山市長選に当選。九年にわたる市長時代に、石油化学コンビナート地帯の基盤整備に努めた。こうした経歴が神社本庁内では評価され、八三年には篠田の後を継ぎ、総長に就任。日光東照宮の離脱問題のほか、「建国記念の日」の政府式典開催、神社本庁の新庁舎建設推進（後述）の先頭に立った。

額賀大興は一九〇六年に額賀大直（朝鮮神宮、香取神宮宮司を歴任）の長男として神奈川県寒川町で生まれた。旧制浦和中学から神宮皇学館に進学。卒業後、旧制中学で教鞭をとった後、神職の道へ進み、戦後の混乱期、日光東照宮に権宮司として着任。流鏑馬や剣道といった武道の充実をはかる一方、輪王寺との紛争解決に実務担当者として尽力した。七二年には宮司に就き、神社本庁でも常務理事、神道政治連盟会長など重職を歴任した。

†紛争のダメージ

神社界の実力者三人が不幸にも激しく対立し、東照宮の離脱をもって紛争は終結したわけだが、総合的に判断すれば、本庁のダメージのほうが大きかったのではないか。離脱騒動以来、全国の少なからぬ神職・責任役員は、神社本庁に加盟するメリット、デメリットを考えるようになった。そのことによる負の影響は無視し得ない。

資金面でも痛手を被っただろう。神政連の場合、政治資金収支報告書で数字を具体的に確かめることができる。それで言うと、一九六九年に神政連が結成されて以来、伊勢神宮や熱田神宮、明治神宮とならんで、日光東照宮は大口のスポンサーであり続けた。離脱する直前まで年間一五〇万円を負担していた。それがなくなったのだから、影響がないはずはない。しかも東照宮の離脱騒動は、神社本庁の新庁舎建設工事が始まったタイミングだった。建設費約二〇億円（庁報一九八六年一月）のプロジェクトだ。アテが外れたことだろう。

東照宮の離脱を受けて、「神社新報」（一九八六年四月七日付）に論説記事が載った。執筆したのは、篠田康雄の下で神社本庁憲章制定に携わった澁川謙一《しぶかわけんいち》教学研究室長。澁川は葦津珍彦の門弟として知られ、神社新報社長、長野の諏訪大社宮司を歴任した。

澁川は論説記事の冒頭で、「日光東照宮の神社本庁傘下離脱は慰留も実らず、不幸な結果になったが、この際、全国の神社は神社本庁の果してきた機能を考え直してみるべきだ」とし、戦後の占領期にあって、神社界の生き残りをかけて発足した神社本庁の功績を強調し、こう述べている。「実情になじまない宗教法人法の下、不安定な立場の神社を存続させ、安定した活動を保証してきた側面を見落としてはならない」

澁川によれば、現代社会では誰もが瞬時の価値判断に左右されがちだ。公共のためと言いながら、神社の土地や財産を処分しようとしたり、用地確保のために神社を移転しようとしたりといったことが各地で生じている。こうした中で神職が「長い目で神社を見て」と訴えて信念を貫こうとしても、あっさり罷免されるだけだと、地域の神職が厳しい状況に置かれていることを指摘。

その上で、「このような動きから境内を守り、信仰の維持をはかってきた。神社本庁を緩衝役とすることで、どれほどの境内地や財産が散逸をのがれ、どれだけの神職が信仰を保持しつつその立場を維持したか」と、神社本庁を再評価するよう促した。

澁川とは一体、どのような人物なのだろうか。一九四九年に結成された神道青年全国協議会（神青協）の初代書記長を務めている。神社本庁を黎明期から知る澁川は、神社本庁から資金援助を得て、四九年八月にパンフレット『共産思想の追放』（神社新報社）を刊行。そのあとがきに、「破壊分子の非望を暴露し、唯物無神論者の権謀術数のよって来たるところを摘抉《てきけつ》し、もって民衆をして帰趨するところを知らしめんとする」ためにこの書を刊行したと書きつけている。

一九四九年九月には渋谷駅頭で、共産思想に対決する声明文を配布し、反共演説会を開いた。迫りくる革命への危機感ゆえだという。声明文の冒頭にはこうある。
「われわれは宗教人として『信教の自由、思想言論の自由』をあくまでも尊重する。共産主義者は宗教否定の無神論者である。彼らは一旦権力を握れば極端な独裁主義者となり、宗教を迫害する。故に共産主義に反対する――」（『神青協二十年史』一九六九年）
終戦直後、政教分離の徹底を求めるGHQから目の敵にされた神社界を守り、宗教を否定する共産主義勢力が伸張する中で、神社界の先兵として闘ってきた神青協、そして神社本庁。日光東照宮の離脱騒動を契機に、本庁を軽視する風潮が全国の神職に広がってはならないと、澁川は憂えたのだろう。

†アンチ神社本庁の「不満」

他方で日光東照宮からすれば、その神社本庁にこそ問題があった。日光東照宮宮司の稲葉久雄に取材を申し込むと、思いは自著にすべて記したと返信があった。著作の一つ『日光東照宮　語りつぐ』（JAF MATE社、二〇一一年）で、離脱問題の根本は「包括、被包括関係」にあると、稲葉は結論づけている。

神社本庁、もしくは執行部と対立した神社側に共通する「不満」を表しているので、以下要約する。

包括・被包括の関係は、あくまで神社本庁と神社間の相互信頼のうえに成り立っている。万が一、それが失われた場合、被包括法人である神社の意思によって、包括・被包括関係を廃止できる。宗教法人法には離脱に関する規定があり、これによれば包括法人（神社本庁）は、被包括法人（神社）の神社規則変更を止める権限をもたない。

にもかかわらず神社本庁側は、包括・被包括関係を上下関係として見ている。これは大問題である。強力な任免権をもっていると本庁は勘違いし、人事を思い通りにしようとした結果、東照宮の基盤が揺さぶられ、相互の信頼関係が崩壊した。その過程で権宮司昇進の人事案件をめぐる対立が思わぬ方向に展開し表面化したのが、神社本庁離脱だった。

こう議論を進めた上で、「今でも『あのときに安易な妥協をしなくてよかった』『当宮の権益と名誉を守るために、離脱という選択は絶対に間違っていなかった』と確信していま す」と稲葉は記す。

†有名神社の相次ぐ離脱

東照宮の離脱と同じ頃、戦国武将・加藤清正を祀る加藤神社（熊本）が神社本庁を離脱。平成になってからは、気多大社（石川）や明治神宮（東京、後に復帰）、三条実美（明治維新期の公卿）などを祀る梨木神社《なしのき》（京都）、富岡八幡宮（東京）といった有名神社の離脱が続いた。日吉大社（大津）や賀茂別雷神社（京都）のように、離脱を表明したものの頓挫した例もあるし、小規模な神社だったため、ニュースにならなかった離脱騒動もあるだろう。

ある時代から、人事や財産処分などに関し、地元の意向が通らなければ、必ずしも神社本庁に留まる必要はないと考える神社関係者が現れ、占領時代の逆風下、肩寄せ合って雨風をしのいだという「記憶」の力で、脱退したいという神社を引き留めるのが難しくなった。

富岡八幡宮が離脱する際、日本宗教学会元会長の井上順孝に取材をすると、「神社界への風当たりも高度成長期以降は弱まり、終戦時のような団結の必要性はさほど求められなくなった」。特に自力で運営することができる有名神社の場合、神社本庁と意見が合わなければ、離脱を選ぶケースが出てくるのも当然だろうという。

一方、神社本庁についてはどうだろうか。「国家的な存在だった戦前期の理念が基本にあり、神社界のまとまりを重視する。離脱の動きが広がれば統制ができなくなるし、傘下の神社が納める負担金も減る。当たり前だが、離脱は本庁にとって好ましい動きではない」と井上は指摘した。

†伏見稲荷大社の選択

日本が独立を回復した頃の話だ。単立法人として独立不羈《ふき》を保ってきた京都の伏見稲荷大社（旧稲荷神社）が、神社内の不祥事をきっかけに「神社本庁入り」が取り沙汰されたことがある。立て直しの一策だった。ところが、神社内で反目し合っていた複数のグループが、神社本庁への参加には反対という一点で団結したという。

傘下に入った場合、多額の負担金が生じるかもしれないこと、人事権を握られて自分たちが伏見稲荷大社から追い出されかねないこと、そもそも、豊作や商売繁盛といった庶民的な稲荷信仰を大事にする自分たちが、神社本庁とうまくやっていけるのか……。これらが、伏見稲荷大社が神社本庁に入らない理由だと囁かれた。

ただし、独立独歩を保ちながらも伏見稲荷大社は、神社本庁との良好な関係を築いてきた。神社本庁の傘下にあって、不満をいだき続けている神職には、伏見稲荷の選択はどのように見えているのだろうか。

†一〇年におよぶ宇佐神宮の紛争

武運の神「八幡大神」を祀る神社は、一説によれば全国に四万社を数えるという。石清水八幡宮（京都）、鶴岡八幡宮（神奈川）、筥崎宮（福岡）、藤崎八旛宮（熊本）、柞原《ゆすはら》八幡宮（大分）、千栗《ちりく》八幡宮（佐賀）、函館八幡宮（北海道）、富岡八幡宮（東京）……。規模の大きな社も多い。大分の宇佐神宮（宮司・小野崇之）は、八幡様の総本宮だ。この宇佐神宮で、一〇年におよぶ紛争が続いている。

二〇一八年二月一四日には、世襲社家出身の元権宮司が「免職と解雇は無効」などとして、神社本庁と宇佐神宮を相手取り、地位確認と総額一六六五万円の損害賠償を求めた裁判の判決が、大分地裁中津支部で言い渡された。

判決では、解雇無効の訴えは退けられたものの、当時の宮司らによる会話の無断録音などパワハラがあったことを認め、宇佐神宮や当時の宮司らに総額一三六万円の支払いを命じた。宇佐神宮側は「考え方が十分に裁判所に伝わっていなかった部分があり残念」とする談話を発表している。

社家側は判決を不服とし、福岡高裁に控訴した。後述するように、神社本庁からやってきた現宮司と地元神社界とが激しく衝突していることもあって、宇佐神宮をめぐる諍いは一朝一夕には解決しそうもない。

そもそもの発端は、宇佐神宮における社家の断絶の危機と、宮司不在にあった。その深層に迫るにはまず、宇佐神宮がどのような歴史をもち、社家とはいかなるものか、確かめなくてはならない。

†宇佐神宮の由来

大分県宇佐市は、県北部に広がる気候温和な観光都市だ。

宇佐神宮の広報資料などによると、宇佐は出雲や畿内と同じように早くから開けた地域で、七二五年に宇佐神宮が造営されて以来、ますます発展した。祭神は八幡大神（応神天皇）、比売大神《ひめおおかみ》、神功皇后（応神天皇の母）で、武運長久を願う武士層に崇敬され、全国に広がる「八幡信仰」の基点となった。皇室からも、伊勢神宮に次ぐ第二の宗廟として崇敬され、勅祭社《ちよくさいしや》一六社に列されている皇室ゆかりの大神宮だ。

裁判に提出された到津《いとうづ》家（社家）側の陳述書によると、宇佐神宮の宮司は、平安時代から世襲されてきた。もともとは宇佐姓を名乗り、南北朝時代に宮成・到津両家に分かれ、交互に宮司を務めることになった。明治維新の太政官布告（一八七一年）で神社の世襲制が否定されたが、一四家が世襲社家として華族に列せられ、宇佐神宮の宮成・到津両家は、一八八四年に男爵の爵位を授けられている。

戦時色が強まった昭和前期には、二人の官選の神職が宇佐神宮の宮司に着任したこともあったが、国家神道下の神社を支配した神祇院が終戦で消滅すると、氏子らの求めもあって、一九四八年に到津保夫が宇佐神宮の宮司に就いた。社家の復活である。この間に宮成家は神職を離れたため、宇佐神宮の社家は到津家のみとなった。

大分地裁中津支部の地位確認訴訟でも、到津家側は「神社における社家の慣習の存在」を次のように強調。「現代においても、多くの神社で神職の地位が世襲されており、特に由緒ある神社において宮司の地位が世襲されているのは客観的事実である」と主張した。その上で、出雲大社の千家家、太宰府天満宮の西高辻家、石清水八幡宮の田中家を、その実例として挙げている。

「宇佐神宮では、宗教法人として成立する遥かむかし、平安時代から宇佐家（現在の到津家）による世襲が続いてきたのであり、宇佐神宮の社家であること自体に争いはない」と、その正統性を訴えた。

天皇家の祖先を祀り、千年以上も続く大社の社家が存亡の危機にさらされているとなれば、皇室・伝統を重んじる神社界を挙げてその擁護に奔走してよさそうなものだが、そうはならなかった。

✝深まる対立

到津家にとって、一九七三年から二〇〇六年まで宮司を務めた到津克子《よしこ》の父、到津公斉《きみなり》が病に伏したことが困難の始まりだった。公斉は、娘の宮司継承を強く望み、中継ぎとして大分県中津市・薦《こも》神社で宮司を務める池永公比古に宇佐神宮宮司を任せた。地元神職らによると、池永は「なるべく早く克子さんを宮司にするのが私の役目」と語っていたという。

二〇〇八年八月、その池永がガンで亡くなってしまう。宇佐神宮の責任役員会は池永が死ぬ直前に、到津克子の宮司昇任を具申することを決定。ところが神社本庁は「経験が少ない」との理由で、翌年になって別人（当時の大分県神社庁庁長・穴井伸久）を特任宮司に決めてしまう。それを不服とする到津家側の「責任役員会」は、神社本庁に「離脱届」を提出。こうして対立は深まり、争いは今日まで続くこととなる。

その間、到津克子こそ正当な宮司だとして、地位確認を求める訴訟が起こされ、最高裁は二〇一三年に到津家側の上告を退け、敗訴が確定した。それでも混乱は収まらず、最高裁判決の一年後、神社本庁は到津克子の権宮司職を免職とし、宇佐神宮は克子を解雇。時を同じくして、克子は母とともに暮らす神宮内の住居から立ち退くよう宣告され、社家としての到津家は存亡の危機にさらされることになった。大づかみで言えば、ここまでが大分地裁中津支部で争われた紛争の経緯だ。

†神社本庁・宇佐神宮宮司vs.宇佐支部

現在（二〇一八年八月）、宇佐神宮をめぐるトラブルは、新たな段階に入っている。そこでの争いは、神社本庁・宇佐神宮宮司（元神社本庁総務部長）vs.大分県神社庁宇佐支部という構図だ。

到津克子を追い出した宇佐神宮側では、それまで事に当たっていた穴井伸久が宮司を辞任。二〇一六年、その後任として小野崇之（大分県出身の神社本庁元総務部長）が着任している。

小野の父親は、大分市佐賀関にある早吸日女《はやすひめ》神社で宮司を務めていた人物。小野は皇學館大を卒業後、山口県下関市の赤間神宮などに奉職。宇佐神宮に着任する直前まで、神社本庁に勤めていた。

小野が宇佐神宮に着任したのは二〇一六年二月。その直前に宇佐神宮総代会は、北白川道久神社本庁統理（当時）に宛てて、異例の嘆願書を提出している。「小野宮司就任に反対」が、その趣旨だ。

嘆願書は問題点として、①小野崇之は、宇佐神宮の混乱を招いた穴井伸久が推薦していること、②宇佐神宮責任役員会では一人が明確に反対し、他の二人が賛成という多数決で小野の具申が決まっており、これは慣習に反する、③本来、具申は宇佐支部を経なくてはならないが、それがなされていない――などを列挙していた。

　後任候補として小野の名前が挙がった時、宇佐神宮の今後の体制や神職への接し方などについて小野の意向を確認すべく、総代会が質問書を提出したにもかかわらず、穴井からの返事は「小野氏からの回答は不能」というもので、その対応の仕方に強い不信感と危惧を抱き、「小野氏は適任ではない」と嘆願書に訴えたという。

　全国には二万人ほどの神職がいる。神職養成大学は、皇学館と国学院の二校のみ。非常に狭い世界だという。まして大分は小野の地元だ。嘆願書には、小野の「噂」に類することも記されていた。

　地元が拒否――。統理に宛てて嘆願書を提出された小野崇之の怒りは、いかばかりだったろうか。小野が宇佐神宮に着任して早々、地元神職との衝突が起きた。

　二〇一六年二月二九日午後一時半、大分県神社庁宇佐支部の役員二人が神宮社務所に「就任祝い」に訪れた。小野は開口一番、こう述べたという。

「自分は支部に対し、大変な怒りと不信感をもっている。就任前から自分に対するさまざまな中傷がマスコミに流され、本庁まで届いている。まず、謝罪文と支部役員の署名捺印の提出を求める。今までの神宮と支部の間の関係は過去のこととして、今後は自分の方針でおこなうので、支部との関係も検討をする」

二〇一六年三月一二日、前回急病で欠席した支部長が宇佐神宮社務所を訪れ、宮司就任の祝意を述べようとしたところ、小野は「謝罪文に署名捺印をしてもらいたい。話はその後で受けます」と遮ったという。支部長は「祝意を述べに来たのに急に謝罪しろとは何事か。あなたに謝罪することはない。神社界ではあなたより遥かに先輩であり、宇佐神宮のことも熟知している」と切り返した。

険悪なムードのなか、小野は「支部起案の謝罪文には納得ができないので、自分が起案した」文案を指定。後日開かれた支部の話し合いでは、「応ぜず」との意見も出たが、「これ以上、問題を複雑にしても双方のためにならない」と判断し、やむなく提出したという。

日付が前後するが、三月一二日の面談は、それだけでは終わらなかった。大分県神社庁宇佐支部の事務局は神宮庁から退去すること、今後、神宮の職員は支部の会員にはさせないこと、神宮は支部の援助・協力を求めないことなどを通告されたのだ。

やむなく支部は、三月末に事務所を宇佐市内の桜岡神社に移転させている。副支部長の山田幸雄は、「神宮庁から支部事務局が勝手に出ていった、と神宮側では言っているそうですが、とんでもありません。そういうことをなぜ平然と言えるのか、人間性を疑います」と、憤然やるかたない様子で話した。

ここに記したことは、氏子総代らへの説明のために宇佐支部がまとめた「報告書」に、現地での私の取材を加えたものだ。地元の神職たちは「神社本庁ありき」の姿勢に憤りを隠さない。報告書は神社本庁について、以下のような疑問を投げかけている。

「神社本庁は全国津々浦々の小さな神社を守る宮司・氏子住民から負担金を集め、神社本庁経費としている。納金しているのは各地の神社庁支部の総代である」「各地の小さな神社が風水害でいたみ、台風地震で被害を受けても神社本庁からは修理費の補助もなく、見舞金があるかないか。すべて氏子住民の負担で再建復興しているのが現実である。本庁からは奉納金の額によって感謝状と記念品が有料にて下賜されるだけである」

食い違う双方の言い分

この報告書に対し、宇佐神宮は宮司名で「事実の歪曲である」として即座に反撃した。二〇一六年七月二七日には大分県神社庁の副庁長・理事・監事あてに「大分県神社庁および宇佐支部の現状について」と題する文書が送付されている。

宮司側の言い分と考え方が表れている個所を以下、引用する。

「昨年来、当神宮宮司に係る人事問題を発端に、大分県神社庁長や宇佐支部役員の極めて遺憾かつ異常な行動が明らかになり、遂には神社本庁人事権を軽視した行為によって、神社庁運営の根幹に影響をおよぼす事態にも発展しております」

支部の移転などについては、こう述べる。

「前宮司および当職（小野）就任に係る無責任きわまる行為を謝罪し、これまでのあり方に一定のケジメをつけた。その結果として、支部の事務局を宇佐神宮以外で執務することになった。過去の経緯に鑑みて当然です」

支部との協力関係についても、これほど違うのかというほど、言い分が食い違う。「当職や宇佐神宮神職には一切連絡なく支部総会が実施され、予算を決定し、支部総代会を扇動して伝統的な市民総奉賛の宇佐神宮夏越祭への協力を阻止する活動を展開したのです。まさに神宮への祭祀妨害と嫌がらせ以外のなにものでもありません」

これが、宇佐神宮宮司・小野崇之の主張だ。状況認識が双方であまりに食い違うため、この点についての評価は差し控える。ただし、「遂には神社本庁人事権を軽視――」という小野の表現からは、神社本庁という全国組織について、上命下服の中央集権的な組織像を抱いていることが垣間見えるということは一言しておく。

†「先祖返りを夢見ているのではないか」

宇佐神宮の近隣で医院を開業している元宇佐神宮責任役員の賀来昌義は、到津克子の父・公斉が最も信頼した友人の一人で、克子の宮司就任を実現しようと、長年奔走してきた。そんな賀来は、神社本庁についてこう指摘する。「神社本庁は緩やかな連帯から始まったはずなのに、いまや全国の神社や神職を支配下に置き、多額の負担金を奪うシステムへと変質してしまった。神官を一括管理した戦時中の神祇院、国家神道への先祖返りを夢見ているのではないか」

今年（二〇一八年）になって「宇佐神宮を守る会」（発起人代表・久保繁樹＝元宇佐市議会議長）が結成され、神社本庁からやってきた宮司と、石清水八幡宮からやってきた権宮司の罷免を求める署名活動が始まった。

宇佐神宮の現トップ二人の退任を求める主たる理由は、①宮司・権宮司は、社家である到津家をないがしろにしている、②宮司は神社本庁の権威をかりて非礼極まりない横柄な態度をとり、地元神職と絶縁状態にある、③宮司は神社本庁総務部長を務めた人物なのに、神社本庁・県神社庁・支部・神社という組織を尊重せず、宇佐神宮鎖国主義を貫いている。地元市民との折り合いも悪く、各種団体から非難されている、④宮司は百合丘職舎問題など、神社本庁基本財産売却の当事者の一人である可能性も皆無ではない、⑤石清水八幡宮宮司で神社本庁総長の田中恆清は権宮司を石清水から派遣し、宇佐神宮を支配下に置こうとしているとの噂がたえない――というもの。

四月末までに集まった署名は三〇〇〇筆余。神社本庁関係者は「勅祭社で、宮司の罷免を求める署名が行われたこと自体、前代未聞の出来事だ」と話す。

第九章

明治神宮、力の源泉

†「明治の日」実現運動

「明治という時代は近代の礎をつくりあげた極めて重要な時代。一部メディアは戦前回帰だ、戦前の国家主義的方向へもっていくと言っている。まったくもってナンセンスだ！」二〇一五年一一月一一日に憲政記念館で開かれた政治集会「『明治の日』を実現する集い」で、こう演説をぶったのは自民党議員の古屋圭司。批判の矛先は、約三週間前に朝日新聞に掲載された「『明治の日』復活の動き／明治天皇の誕生日一一月三日／『文化の日から変更を』」という記事に向けられた。識者の談話「戦前回帰への不安」が癇《かん》にさわったらしい。

この会を主催するのは、「明治の日推進協議会」（会長・塚本三郎＝元民社党委員長）。拓大総長だった小田村四郎やジャーナリストの櫻井よしこらが役員に名を連ねてきた。二〇〇八年頃に活動を開始（正式な発足は一一年）、「文化の日」の名称を「明治の日」に改めることを目標とし、国会請願のための署名集めや、世論喚起のための集会を各地で催している。

その日の集会では、日本会議会長の田久保忠衛が「明治の日の意義」と題して基調講演をし、「政府が機能しなくなったとき、わが国には天皇を中心に結束する国柄がある。いまこそ、明治の精神に立ち返って日本を考えるべきときだ」と訴えた。

役員の一人、大原康男国学院大名誉教授は、明治天皇の誕生日にあたる戦前の「明治節」にちなんで一一月三日を「明治の日」とする意義について、「明治天皇は近代国家日本をつくった一番の偉人。根拠があいまいな文化の日ではなく、本来の形に戻したい」と取材に答えた。

戦前の祝日のうち明治節は、四方拝《しほうはい》（一月一日）、紀元節（日本書紀が伝える神武天皇即位の日。二月一一日）、天長節（天皇の誕生日。四月二九日）とともに四大節《しだいせつ》の一つとされ、官公庁、学校、軍隊などで盛大な祝賀式典が行われていた。日蓮系新宗教「国柱会」などの熱心な運動もあって、明治天皇の偉業を永遠に伝えていくために、一九二七年に制定された。

一九四六年一一月三日、日本国憲法が公布され、明治節は「文化の日」となる。一一月三日に決まった理由は諸説あるが、暦の研究で知られる岡田芳朗女子美大名誉教授の回想によると、戦後、再出発にふさわしい祝日を選ぶ際、文化国家の建設を目的とした祝日を加えたいとの思惑から文化の日が決まったという。その日取りを検討する中で、気候がよい明治節の日になった。

その「文化の日」を、今になってなぜ、明治の日にしようとするのか。大原は、明治の光と影を指摘したうえで、明治は世界史的にも大変化を経験した特筆すべき時代だったと、その重要性を強調する。「中心は明治天皇であり、今の日本が明治の遺産であることを教育現場で教えれば、明治の日はおのずと実現に近づくはずです」

「明治の日」の実現を目指すこうした動きを警戒する声もある。国家神道に詳しい島薗進は、「戦前のような国家神道的な社会に戻したいという流れの一つでしょう」と指摘する。「建国記念の日」制定（一九六六年）、元号法制定（七九年）、「昭和の日」実現（二〇〇七年）といった流れの延長線上にあるという見解だ。

連合国軍総司令部（GHQ）は終戦直後、国家神道が信教の自由を圧迫したとして、国家と神社神道を切り離す神道指令を発したことはすでに述べた。ところが、天皇の祭祀は不問とされ、国家神道は形を変えて生き残った。

「一例が祝日。戦後、呼び名は変わりましたが、祝日の多くは皇室祭祀の儀礼が行われている日です」と島薗は指摘する。過去の運動に照らせば、天皇の祭祀をテコにして「戦前回帰」の動きが活性化する。それを牽引するのが神社本庁であり、他の宗教団体であり、そこに保守政党が合流する。

島薗は、「明治の日の運動も、立憲主義を切り崩して、いつの間にか、戦前の国家主義的な方向へと国民の意識を向かわせていこうとしているように思えてなりません」と警鐘を鳴らす。

†「今年を逃したら、次のチャンスはない」

二〇一八年を迎えて明治の日推進協議会は、この一年を勝負の年と位置づけている。明治維新から一五〇年目を迎えるこの年、「明治という時代」「明治維新」「明治天皇の御代」への関心が高まることは必至だからだ。実際、メディアでは特集が組まれ、明治維新を舞台とするドラマも放映される。明治天皇が即位し「明治」に改元された一〇月二三日を中心に、政府や地方自治体、各種団体が主催する祝典や記念イベントも各地で予定されている。

二〇一八年五月一一日には、「明治の日を実現するための議員連盟」が発足した。日本会議国会議員懇談会会長に就任した古屋圭司が議連会長を務め、神政連国会議員懇談会事務局長の稲田朋美元防衛相が幹事長、山田宏元杉並区長が事務局長を務めることになった。結成前の準備会では、「明治一五〇年の今年を逃したら、次のチャンスはない」と悲壮な声もあがったというが、ともかく、議連立ち上げまで歩を進めたのだから大きな前進だ。

右派関係筋によると、カギを握るのは日本会議だ。議連発足時の総会には、日本会議事務総長の椛島有三も姿を見せた。ただ、日本会議のある関係者によれば、「憲法改正こそが最重要課題であり、二正面で戦えば運動量は分散される。そんな余力はない」という。

だが、国民のあいだで「明治一五〇年」が盛り上がれば、政治家がそれを放っておくはずもなく、事態は一気に進展するかもしれない。だが現時点では、五〇年前の明治百年祭ほど盛り上がってはいない。

†明治維新百年を祝う政府式典

「世界の一流国家としての地歩を築いたわが国は……」

明治維新一〇〇年の記念式典が行われた一九六八年一〇月二三日、当時の首相、佐藤栄作が発表した談話に、こんな一節があった。この年、日本の国民総生産（GNP）は、米国に次ぐ西側世界第二位に躍り出ていた。『ニューズウィーク』は、「取り戻した民族的自信」という記事を掲載し、「新しい自負心は大戦の敗北の傷から立ち直った結果だ」「夢見心地で明治一〇〇年を祝っている」と指摘した。

一九六六年のこと、佐藤内閣は明治維新一〇〇年を祝う記念行事を全国民的規模で実施することを決定した。その内容を検討するために、財界人、学者らによる準備会議を設置。この会議の重要テーマの一つが、「明治維新の起算点はいつか」ということだった。

検討が進められるなかで、①二月一三日（一八六七年のこの日、明治天皇が践祚《せんそ》（＝三種の神器を承継〕した。月日は太陽暦に換算、以下同)、②一一月一〇日(大政奉還の勅許)、③一月三日(一八六八年のこの日、王政復古の大号令)、④四月六日(五箇条の御誓文)、⑤九月三日(江戸を東京と改称)、⑥一〇月一二日(明治天皇即位の礼)などが候補となった。最終的に明治改元の一〇月二三日が選ばれた。日付の非政治性、理由の明快さ、季節などが考慮されたという。

明治維新一〇〇年を祝う政府式典に先だつこと半年あまり、神社界による「明治維新百年記念式典」が一九六八年三月一三日に開かれた。五箇条の御誓文が宣布された日を起算点とし、太陽暦に換算せず、六八年三月一四日を明治維新百年目の日とし、その前日を式典の日とした。この日とするに当たっては、まず明治神宮が神社本庁と協議した。その末の神社界の統一見解だった。

式典は、日本武道館(東京)に約一万二〇〇〇人を集めて盛大に催された。午前一〇時、司会役の副島廣之(明治神宮)が開会を告げ、伊勢神宮・明治神宮・靖国神社を遥拝。国歌斉唱をへて、明治神宮宮司の甘露寺《かんろじ》受長《おさなが》が五箇条の御誓文を奉唱。権宮司の伊達巽、日商会頭で明治神宮崇敬会会長の足立正による式辞と続き、高松宮宣仁さまからお言葉があった。

その後、文相の灘尾弘吉、思想家の安岡正篤ら来賓四人が祝辞を述べた。

その一人、神社本庁統理の佐佐木行忠は、「明治維新はわが国近代化への出発点になったことで重大な意味を持つ」と、その歴史的な意義を強調し、「維新の精神」を継承する重要性をこう訴えた。

「英邁であらせられた明治天皇のご叡慮により、世界的な地歩を確立いたしたのであります。今日、かくも盛大な記念式典を挙行せられました。私どもは改めて民族的自覚を喚起し、維新の精神を心として新時代の発展をはかるため、みなさまとともに努力してまいりたい。それが国家民族の興隆のために努むべき道と信ずるものであります」

保守的な運動に深くかかわった作家の山岡荘八は、東西の文明をうまく採り入れてきた「民族性」を誇らかに指摘し、東西冷戦の最中にあっても国家を分断させず、明治のようにまとまっていくことが日本の針路だと、次のように述べた。

「儒教を立派に消化し徳川三〇〇年間の平和を保ってきた。明治になって西洋文明を咀嚼しなければならなくなった。われわれは神州の民なんだと、誇りをもってこの消化にあたり、世界が本当に驚くような躍進をとげた。東西冷戦の中、神々を仰ぎながら国を二つに割らない努力を真剣に続けることが、明治大帝のご神徳にお応えする一番大切なことだ」

そのあと式典は大会宣言に移り、「幕末明治の先人たちの偉業をしのび、明治の精神を昂揚して、新日本建設に邁進せんことを期す」との宣言文を採択。万歳三唱は、伊勢神宮大宮司・徳川宗敬（後の神社本庁統理）が先導した。

神社界に訪れた好機

一九六〇年代は、敗戦国日本が奇跡的な復興を遂げ、国民が自信を取り戻した時代だ。それまで「遅れている」とされていた日本型の終身雇用制や産業別労働組合、集団主義、共同体的・伝統的なモノにこそ、「日本の強さの秘密がある」「日本の特殊性はむしろ優れている」と評価されるようになった。

英国の歴史学者トインビーは、西洋が進んでいて東洋は遅れているというヨーロッパ中心の文明観を批判し、多様な価値を認めた彼の本は、日本でブームを起こした。六九年には、主著『歴史の研究』などを通じ、日本文化に独自の歴史観をもたらしたとして、日本政府はトインビーに勲一等瑞宝章を贈っている。

伝統的価値が再評価される時代の到来。神社界はこの機を逃さなかった。自分たちの運動を活発化させ、建国記念の日制定（一九六六年）、靖国神社国家護持法案の初提出（六九年）、神道政治連盟の結成（同年）などを実現させていった。

それから半世紀をへて、再び「明治という時代」をテコとする「日本精神の昂揚・回帰」が叫ばれている。そのシンボルたる明治天皇ご夫妻を祀るのが、明治神宮だ。いったい明治神宮とはどのような歴史をもち、他の神社とどのような違いがあるのだろうか。

†明治神宮の始まり

一九一二年七月三〇日に明治天皇が崩御し、そのご遺体は京都の伏見桃山陵に埋葬された。天皇を崇敬する東京市民のあいだから、東京に神宮を建設したいとの声が上がり、これを契機として内務省は一五年に神宮造営を告示。

内苑（JR原宿駅西側の境内地）は国費で造営されたが、全国から一〇万本もの献木があり植樹されたことは広く知られている。鎮座祭は一九二〇年一一月一日に行われ、この日だけで約五〇万人の参拝があったと言われる。外苑（明治神宮に付属する公園）は、渋沢栄一らが広く募った寄付金を原資に民間が造成、明治神宮に献納された。

戦災も経験している。戦争末期には、明治神宮本殿および拝殿が空襲で焼失。一九四五年五月のドイツ降伏以降、米軍機の来襲は激しさを増し、貴賓館、勅使殿、社務所なども被災した。「終戦時までながらえることができたのは、わずかに東・西・南・北の神門と廻廊の一部、宿衛舎および宝物殿。――そして森が残った」だけだったという（『明治神宮　戦後復興の軌跡』鹿島出版会、二〇〇八年）。

戦後、明治神宮は「国民精神のよりどころとしての神宮のご隆昌を期するため」（明治神宮HP）に創立された「崇敬会」（一九四六年発足）や復興奉賛会（五三年発足、財界人が中心）の熱心な取り組みもあって、短期間で復興を成し遂げた。正月三が日の参拝客数は日本一を誇る。外苑には明治神宮野球場、テニスコート、フットサルコート、ゴルフ練習場、アイススケート場といったスポーツ施設のほか、聖徳記念絵画館、明治記念館が整備され、内苑・外苑は都心の憩いの場となった。

†宮司と総長のさやあて

北参道の一角に神社本庁の建物がある。明治神宮から歩いて五、六分の距離。神社本庁にとって明治神宮とは、どのような存在なのだろうか。

神社関係者に興味深い目撃談を聞いた。

明治記念館に旧皇族を招いた日に、明治神宮宮司と神社本庁総長のあいだで、さやあてがあったという。

旧皇族を出迎える側のために用意された席に先に座ったのは神社本庁総長だった。ところが、後からやってきた明治神宮宮司が、中央の椅子に座っていた神社本庁総長を下座に移動させたというのである。その様子を近くで見ていた神社関係者は、「そちら（神社本庁）は民社（旧社格で府県社以下の神社）の集まり。こちら（明治神宮）は官社（戦前、国家が運営した官国幣社の総称）の宮司だというプライドだったのでしょうか」と解説する。

その後、しばらくして、明治神宮が神社本庁を離脱するという騒動が起きた。

きっかけは天皇ご夫妻が二〇〇四年に明治神宮を訪れる「参拝式」に際して、「両殿下」と敬称を誤ったまま、明治神宮が案内状を関係先に配布してしまったことにある。明治神宮側はわび状を添えて関係先に再送付し、宮内庁にも謝罪した。だが、それでも謝罪が足りないとしたのが神社本庁だった。

神社本庁は、明治神宮の外山勝志《とやまかつし》宮司に対し進退伺の提出を求めたが、明治神宮は始末書で決着を図ろうとしたため、対立が激化。神宮側は、二〇〇四年四月二七日の責任役員会で本庁離脱を決めた。明治神宮が離脱を公告したのち、新総長に就任したばかりの矢田部正巳（三嶋大社宮司）と外山の会談が二度もたれたが、明治神宮が翻意することはなかった。同年七月、東京都へ神社規則の変更を申請し、八月には都の認証により、明治神宮の離脱が決まった。

†工藤総長が見た神社界

明治神宮とのあいだに問題が生じた当初、神社本庁で総長を務めていたのは工藤伊豆だ。工藤は一九九八年から二〇〇四年まで二期六年にわたり、神社本庁総長を務めている。

工藤は、高山稲荷神社（青森県つがる市）の宮司から神社本庁総長まで上り詰めた人物だが、その回想録『神々と生きる道』には興味深い記述がある。

それによれば、明治新政府はすべての神社を官社と諸社（民社）のいずれかに分類し、その上で官社のうち皇室の崇敬が篤いものは官幣社、旧藩時代から諸侯が信仰したものは国幣社とした。一方、諸社は府県社、郷社、村社に分類された。高山稲荷神社はこれらのうちいずれにも分類されず、地元の熱心な働きかけによって、後に神社として公認されたという。

やがて、昭和に入って戦争が始まると、内務省神社局は神祇院となり、「政府は神道を歪めた形で重視する姿勢に変わっていく」（前掲書）。神祇院は神道の神々を観念神、自然神、人格神にわける作業に取りかかった。人々に恵みをもたらし、生活の支えとなってくれる古来の神々は祀るべきではないとされ、山川草木を神々と見なす信仰は迷信邪教、淫祠《いんし》だと貶められた。

一方、国のために尽くした明治の軍人・乃木希典、南朝に味方した楠木正成などは、祭神としてより高い地位におかれた。「つまり神社とは、皇室や国家に功績のあった人物を伝統的な礼法にしたがって崇敬する場所であり、そうでない神社は一段低く見られたのである」と、工藤は指摘する。

その上で終戦直後の神社行政を、こう批判する。「敗戦後、神道指令が出されると、神祇院官僚はほうほうの体で逃げ去り、神社界はいきなり国から見捨てられた。取り残された神社関係者に対し、政府は『後はお願いします』というだけの無責任な立場をとった」「無格社の宮司という私自身の立場で考えるならば、神道指令による影響などは微々たるものだった。高山稲荷神社は戦前から国家の保護などほとんど受けていなかったし、お金がないのは戦前も戦後も変わらなかった」

†明治神宮のプライド

二〇〇四年八月、明治神宮の離脱は、神社本庁と明治神宮のあいだで鬱積した不満が、「案内状」問題で一気に噴き出した結果というのが一般的な見方のようだ。したがって、その原因を工藤に帰するつもりはないが、田舎宮司を自任した工藤と、明治神宮ひとすじの外山はきわめて対照的な存在で、興味を引く。工藤が総長に就任するまで、神社本庁トップと言えば、熱田神宮などの大社か有名神社の出身者がほとんどだったから、なおさらである。

明治神宮宮司の外山勝志は一九三二年、札幌市に生まれた。銀行員の家庭に育ち、国学院大を卒業後、一九五六年に明治神宮に奉職。総務部長や総合結婚式場「明治記念館」館長などをへて、九四年から二〇〇七年まで、第一〇代宮司を務めた。明治神宮の宮司は創建以来六代目まで旧華族が就いていたポスト。祭神は明治天皇ご夫妻である。神社本庁、何するものぞというプライドももちろんあっただろう。

その上、明治神宮崇敬会の役員には日本を代表する財界人らが就任し、広大な境内地から上がってくる収入は、他の神社の比ではない。結局、やんごとなきお方のご心痛もあったとされ、明治神宮は現在の宮司になってから、神社本庁との包括・被包括関係に戻ることになる。だが、宮司が神社本庁の役員（理事）に就くわけでもなく、神政連の主要な役職につくわけでもない。「なのに、日本会議の理事長には権宮司が就いている。神社本庁と協力しながらも風下にたつものではない、という意思表示ではないですかね」と、神社本庁関係者は指摘する。

†明治神宮外苑という一等地

明治神宮の力の源泉の一つに外苑の存在がある。渋沢栄一らの尽力によって、民間の資金で造営され、神宮に献納された青山練兵場跡地一帯である。戦時中には出陣学徒壮行会が開かれ、戦後は進駐軍に接収された。

終戦後、国有地となっていた社寺境内は、審査をへて社寺に譲渡（返還）されたが、このとき、宗教法人になった明治神宮の外苑をどう扱うかが問題になった。絵画館を中心に競技場、公園施設を有するこの一等地は、果たして宗教活動に必要か否か。

進駐軍の接収解除が近づくにつれ、外苑にある競技施設を誰が運営するのか、文部省を中心に検討が始まっていた。後に神社を所管することになる文部省内には、「神社と運動競技は関係なし」という空気が支配的だったという。「内・外苑一体をもって神宮の境域となす」とする明治神宮側とは大きな隔たりがあった。

明治神宮側は一九五一年三月、文部省の機先を制して、境内地譲渡の担当省庁である大蔵省に対し、「外苑の性格について」という文書を提出。この文書は民俗学者・折口信夫の助言を得て作られたもので、神社と競技施設の関係について、次のように述べている。

「そもそも神社は古来、礼拝の場のみでなく、社会的文化的な施設だった。社頭の力石《ちからいし》の持ち上げによる力くらべ、弓道、相撲、流鏑馬、競馬、競艇などが社頭や神域で行われており、神宮外苑の競技施設はこのような神道の伝統を拡充し近代化して造成されたものであり、したがって神宮外苑は単なる公園・運動施設ではなく、本質的に神宮の崇敬と深い関係を有するものであって（後略）」（『明治神宮外苑七十年誌』明治神宮外苑、一九九八年）。

一九五一年九月八日付「朝日新聞」記事によれば、明治神宮、文部省、大蔵省、厚生省、体育協会・学生野球協会など関係団体が入り乱れ、複数の案が優劣を競っていたことが分かる。

その一つに、スポーツ団体が提案した国営案があった。「もともとプールは水上競技連盟、野球場は六大学野球連盟が大部分の金を出して献納したものであり、国家的なスポーツ施設を一宗教団体に任せるのは適当でない。運営の面からもみても現在各競技場とも相当傷み古くなっており、改修が必要。維持修理費を競技場の使用料収入だけでまかなうことは難しい。だから文部省の国営案が一番いい」(前掲記事)。

この国営案に対して大蔵省は「国家財政の負担になる」と消極的で、財団法人案を主張。他方で厚生省は、皇居前広場や新宿御苑のように国民全体の憩いの場とすべく公共福祉用財産とし、国立公園課でこれを管理する案を示したほか、特別法人案などを唱える省庁もあったようだ。

事態が動いたのは一九五一年一二月。明治神宮は、内苑・外苑の造成に関わった大臣クラスの政治家二〇人の連名による陳情書を大蔵省に提出した。これが功を奏し、大蔵省は財団法人案を撤回、東京都や厚生省、建設省、競技団体も明治神宮支持に回り、最終的に残ったのが文部省だった。

一九五二年一月に文部省は、①国民が公平に使用できること、②アマチュアスポーツの趣旨に則り、使用料・入場料は低廉なこと、③施設を絶えず補修すること、④民主的な運営をすることを希望するとし、神宮側はこれに同意。同年九月、両者は覚書を交わし、外苑の神宮への帰属が決まった。

だが、外苑の競技場、ラグビー場は「国」が所有している。どのような経緯で国が所有することになったのだろうか。

一九五二年末に境内地処分中央審査会が開かれ、外苑を主とする約五〇万平方メートルは時価半額払い下げとし、外苑の一部敷地約一万七〇〇〇平方メートルは無償譲渡と決まった。

外苑境内地のうち、日本青年館敷地など計約九〇〇〇平方メートル、宮内庁に貸与していた女子学習院跡地約四万五〇〇〇平方メートルは宗教活動に必要がないとして、境内地から除外されることになった。女子学習院跡地には東京ラグビー場(現在の秩父宮ラグビー場)が一九四七年に建設され、六二年には国立競技場(現・日本スポーツ振興センター)に移管された。制度改正をへて今日に至っている。

†オリンピック会場としての外苑

一九五二年五月、東京都議会が「一九六〇年大会」招致を決議すると、東京オリンピックの主会場として神宮外苑が注目されるようになる。五三年には日本オリンピック委員会が、東京五輪の主競技場・プールを神宮外苑とする案を議決。文部省と東京都のあいだでも外苑競技場が最適候補として挙げられ、五五年には文部省内に建設委員会が設置された。「外苑境内地処分」は東京五輪の会場確保とリンクして論じられるようになった。つまり、国への譲渡である。

明治神宮総代会などでは、「明治天皇の偉業を後世に伝えるという外苑創建趣旨に反する」として譲渡への異論もあったが、一九五六年、競技場一帯約五万七五〇〇平方メートルを国に譲渡することが決まった。オリンピックの六〇年招致は実現しなかったものの、五九年五月に「六四年開催」が決定したのである。

そして、今回の東京オリンピック。二期目の石原慎太郎東京都知事が「二〇一六年大会招致」を表明したのは、二〇〇五年九月の議会だった。そのとき石原は、「オリンピック開催を起爆剤として、日本を覆う閉塞感を打破するためにも、日本の首都である東京に招致したい」と意気込みを語っていた。

主会場として、神宮外苑が想定された。石原は「国立競技場は造り直さないとオリンピックはできない」と述べ、神宮球場や秩父宮ラグビー場を含め、一帯のスポーツ施設の大幅改修の必要性を強調していた。ところが、長らく塩漬けとなっていた埋め立て地・晴海にメーンスタジアムを建設することへと次第に方針転換。「一六年大会」の招致合戦でリオ（ブラジル）に敗れると、再び、神宮外苑の再開発へと揺り戻しが起きた。

そもそも石原に五輪招致を持ちかけたのは、日本体育協会会長だった森喜朗元首相だ。神宮外苑再開発を念頭において石原に「呼びかけ」ただけに、「晴海」案には不満だった。「二〇二〇年大会」に向けた主会場選定の仕切り直しと、その後の新国立競技場建設は、森にとって満足のいく決定だったに違いない。一帯の大地主である明治神宮にとってもありがたい話だったはずだ。

†「空中権」という打ち出の小槌

外苑を読み解くキーワードの一つに「空中権取引」がある。これは不動産用語で、ある建物の敷地において、利用していない空中の容積（余剰容積）を、他の場所に譲渡して使用することができる、という都市開発の手法だ。空中権を譲渡された側は、所有する敷地にその余剰容積を加えた大きな建物を建てることができる。

空中権が神社界で特に注目されたのは、日枝神社（東京・永田町）が一帯の地権者とともに進めた再開発事業の時だった。日枝神社のもつ空中権（容積率五〇〇％）を、①二・二六事件で反乱軍の拠点となった旧山王ホテル跡地、②キャピトル東急ホテル（旧東京ヒルトンホテル）地域――の二つのゾーンに割り振るという取引内容だった。

その結果、旧山王ホテル地区では当初五六〇％だった容積率が一三〇〇％となり、山王パークタワー（四四階建て、二〇〇〇年完成）に生まれかわった。東急ホテル地区も、当初五〇〇％の容積率が九一〇％となり、ザ・キャピトルホテル東急（二九階建て）が二〇一〇年に開業した。

日枝神社のほうは、空中権の取引によって、外堀通り直結のエスカレーターや新しい参道を整備したほか、山王パークタワーの広場を、自分たちの行事に利用できるようになった。必ずしも高層である必要のない神社仏閣にとって、「空中権」は打ち出の小槌になりうることを、日枝神社は実証してみせたのである。

†収益源としての外苑

「秩父宮と神宮の建て替え資金捻出へ『空中権』案浮上」

東京オリンピックに関連して、二〇一八年一月の『日刊スポーツ』にこんな見出しが踊った。その記事によれば、東京五輪・パラリンピックを契機とする神宮外苑の再開発で、秩父宮ラグビー場と神宮球場の建て替え資金を、競技場上空の使わない空間を近隣地域に移して売却し、それによって調達する案が浮上しているのだという。

秩父宮ラグビー場は日本スポーツ振興センター（ＪＳＣ）が、神宮球場は明治神宮が所有している。この資金調達を実現するには、東京都による都市計画の変更が必要とみられると記事は結んでいる。

オリンピックの東京開催が決まったのは二〇一三年九月。実はその四カ月ほど前に、東京都都市計画審議会が、神宮外苑の建築物の高さ制限を三〇〜八〇メートルまで緩和している。容積率も引き上げられた。外苑一帯は「都心に残された最後の大規模再開発用地」と不動産業者が呼ぶ超優良物件だ。

都の風致地区では建築物の高さは一五メートル以下、街並みの景観保全を図る高度地区では二〇メートル以下といった制限がかかってきたのだが、国家的イベントを成功させようとのかけ声の下、その多くが吹き飛んでしまった感がある。今後、日本スポーツ振興センターが所有する秩父宮ラグビー場と、明治神宮の明治神宮球場などのエリアについても規制が緩和されることになれば、空中権をそれぞれ譲渡し、ビルが立ち並ぶ表参道側一帯の再開発が進むのではないかと囁かれている。そうして手にする資金で明治神宮による神宮球場のドーム化が実現するかもしれない。

このほか、新国立競技場の北端に、明治神宮に関連のあるホテルの建設が進行中だ。建築予定地は、新宿区霞ケ丘町の常設フットサル場があった場所で、事業名は「(仮称)神宮外苑ホテル計画」。地上一三階、高さ五〇メートルで、最大四〇〇室の建築物になる。

土地所有者である明治神宮が、三井不動産と定期借地権契約を結び、この計画が本格化した。

終戦後、「外苑は境内地に非ず、返還不要」とされた時期があったことはすでに述べた。このとき折口信夫らの助力を得て、境域を死守した明治神宮は賢明だった。明治神宮は今、「空中権」という錬金術を得て、再び外苑は豊富な収益を明治神宮にもたらそうとしている。

言うまでもなく政治力も独自性も、十分な経済力があってこそ発揮され得るのである。

エピローグ――神社はどこへ

†「限界宗教法人」

「二極化です。神社も仏教もそうですが、神社本庁や神社庁、宗務所にいるのは大きな社寺の人々。地方の本当に小さなお宮、お寺の苦しみが理解できているのか、そこは疑問です」

そう話すのは、宗教学者の石井研士国学院大学教授。文化庁の不活動宗教法人対策会議で講師を務めるなど、宗教法人の過疎地対策に関する第一人者だ。文化庁が発行する『宗務時報』（二〇一五年一〇月、一二〇号）では、過疎化・高齢化が著しい地方における宗教法人の厳しい状況を分析、消滅が危ぶまれる過疎地の社寺の近未来を展望した。

その際、民間の有識者らでつくる政策提言組織「日本創成会議」が二〇一四年五月に公表した「ストップ少子化・地方元気戦略」で示された「消滅可能性自治体」を参照。それによれば、二〇四〇年に若年女性（二〇代、三〇代）が五〇％以上減少する自治体は消滅するという。その数、八九六市町村。石井が、それらの自治体に立地する宗教法人を数え上げてみたところ、該当する「限界宗教法人」は六万二九七一あった。全国の宗教法人一七万六六七〇のうち三五・六％が、二〇四〇年までに消滅する可能性がある、という結論に至った。

ここで言う「消滅」とは、支える信徒がいなくなり、運営がなされていない法人を指す。石井は「平成の大合併で、過疎地が都市と合併することにより、統計上、見えなくなってしまった過疎地もある。日本創成会議のデータにはそうしたものは反映されていないから、実態はもっと厳しいはずだ」と指摘する。

消滅法人を宗教系統別にみると、神道系は三万二八六七法人で最も多く、いまある神社の四〇・一％が消滅する可能性があるという。次いで、仏教系で二万四七七〇法人、キリスト教系で九三四法人、諸教で四四〇〇法人となっている。

神社は津々浦々に存在し、地域共同体により祀られてきた。ところが、大規模かつ急速な人口移動が生じることで、これだけの数の消滅法人が生まれるという。

仏教系のうち、最も「消滅」数が多いのは曹洞宗で、東北地方または山間部に立地する寺院が多い。石井によれば、神社と同じ理由で限界宗教法人が多くなっているという。

「宗祖、信仰を同じくしているからといって、圧倒的に収入が多い東京の寺院が本山に収める金額を倍にして、財政の厳しい地方の寺に補助してくれ、とはならない」

お堂の維持・修理には資金が相当いる。だからといって本山は、過疎地のお寺に資金を回すことはない。さりとて、そうした法人の整理をすることにも消極的。なぜなら、教勢の縮小に直結するからだ。こうして多くの本山は、「対策室」を設置し、しきりと「活性化」という言葉を用いることになる。

ならば、神社の世界はどうなっているのだろうか。

地域の氏神として、共同体の紐帯ともなってきた神社は、人口減少によって、その力が弱まりつつある。神社を支える氏子が減るなかで、神社は独自のお札、お守りなどの授与品を増やしていく。生き残りのための商業化だ。

氏子が激減し、氏子組織が機能しなくなっても、その神社が都市部にあるなら、境内地の土地を活用することで、その基盤を守る手もある。定期借地権を設定し、ディベロッパーと組んでマンションを建てれば、基本財産を取り崩さずに資金が手に入る。社殿を維持し、祭祀を継続するためには仕方がない、という考え方もあるだろう。

†宗教法人と税金

だが、宗教法人は公益法人の一つである。ゆえに、世論の反発を招く可能性もある。宗教法人の場合、宗教活動から得た収入と、境内地の固定資産税は非課税である。宗教活動以外の駐車場、結婚披露宴での飲食提供、不動産販売貸付、野球場・碁会所経営など、三四種の収益事業にも、中小企業なみの軽減税率が適用される。税優遇の根拠には諸説があり、洗建《あらいけん》駒澤大名誉教授は「宗教法人は公益性があるから非課税なのではなく、非営利性ゆえに非課税なのである」との主張をしている。

富岡八幡宮のような都会の恵まれた有名神社で耳目を集める事件があれば、神社内部への疑念も自然とわく。「ああした事件があっても、国民はまだ怒らないし、宗教法人はおかしいという議論にもなっていない。それでも、本当に税収が厳しくなって、社会がアップアップになったとき、その議論は必ず出てくる」と石井は言う。

これまでにも宗教法人への課税拡大案は現れては消え、消えては現れてきた。

民主党が政権の座にあった時、宗教界をざわつかせる人事があった。宗教界にとって「厄介」な人物が国税庁次長に就いたのだ。第一次安倍政権で首相秘書官を務めた田中一穂。のちに国税庁長官、財務次官、日本政策金融公庫総裁となるやり手で、最近では森友学園への国有地売却に際し、「八億二〇〇〇万円の値引き」決裁時の財務次官だったと、その名が報じられた。

国税庁次長に就任した際は、田中が宗教法人課税に非常に熱心だったことから、「いよいよ宗教課税に本気というシグナルか」と受け止められたのだった。それまでの自民党政権であれば、連立相手の公明党・創価学会に気兼ねをし、目端の利く役人ほど宗教法人には触れなかった。ところが民主党政権が誕生し、公明党が野党になったことで、政界・官界と宗教界のバランスに狂いが生じていた。

それから七年あまり。自公両党は政権に返り咲き、創価学会のほか、もう一つの宗教勢力が注目を浴びるようになった。これまで何度か言及してきた神道政治連盟である。この団体の理念に賛同する国会議員で作られる神道政治連盟国会議員懇談会には現在、衆参合わせて約三〇〇人が参加。繰り返し述べているとおり、会長は現職の首相・安倍晋三である。

神社界の現場からは「境内の自動販売機の売上を税務署に申告するよう求められた」といった話も聞かれ、宗教法人への課税圧力は弱まっていないようだが、永田町・霞が関界隈で宗教法人課税が話題にならなくなって久しい。

改憲を目指す安倍政権にとって、草の根レベルで集会を開き、憲法改正のために動いてくれる神社関係者はありがたい存在だろう。公明党の支持母体・創価学会も、衆院小選挙区や参院地方選挙区から出馬する自民党候補にとって、いまや最大・最強の集票マシンである。この両者をも含む宗教法人への課税に踏み込むようなことは、まさかあるまい。

†神政連と日本協議会

本書は、総保守化が進む日本社会で神社勢力が果たしてきた役割に光を当ててきた。一九六九年に結成された神政連は、来年（二〇一九年）で創立五〇年を迎える。この団体が、この国の政界において隠然たる力を有する「ロビー団体」として広く認知されるに至ったことは否定しえないだろう。緊密な協力関係にある日本会議事務総局（日本協議会）。両者の相互協力のあり方は、絶妙である。互いの足らざるを補い、支え合ってきた。地域に根ざす神社への信用と、戦略性を帯びた日本協議会の実行力である。

改憲運動の両輪をなす神政連と日本協議会。知れば知るほど、この二つの団体はよく似ている。神政連は一九六九年に、日本協議会（当時は民族派団体「日本青年協議会」）は七〇年に、それぞれ結成されている。その目標を一言でいってしまえば、日本精神の回復である。

神政連はある時期まで、政治団体としての届けを出していた。ところが現会長の打田文博が事務局長だった一九九五年に、政治団体の解散届を国に提出。名簿上、この団体は消滅してしまった。れっきとした政治団体でありながら、一切の情報開示を必要としない任意団体として水面下に潜行したのである。日本青年協議会も二〇〇三年に政治団体の解散届を提出。一九九七年に結成された日本会議に至っては、政治団体の設立届をせず、任意団体として二〇年間にわたり、国民運動という名の政治活動を続けてきた。

政治資金規正法では、政治団体を「政治上の主義もしくは施策を推進し、支持し、又はこれに反対することを本来の目的とする団体」などと定義。総務相などへの届け出と、政治資金収支報告書の提出を義務づけている。日本会議をはじめとするこれらの団体が政治団体に当たらないとの解釈は、一般国民には理解しづらいだろう。正々堂々と政治団体としての届けを出し、資金の出入りを公表すべきだろう。

†「神の国」発言と神社本庁

森喜朗が首相だった頃、「日本は天皇中心の神の国だ」と発言して騒ぎになったことがある。二〇〇〇年五月一五日、神政連国会議員懇談会の結成三〇周年祝賀会で、「いま私は政府側におるわけでございますが、若干及び腰になることをしっかりと、前面に出して、日本の国、まさに天皇を中心とした神の国であるぞということを国民の皆さんにしっかりと承知をしていただく、その思いでですね、私たちが活動して三十年になったわけでございます」と、森は挨拶した（『森内閣総理大臣演説集』内閣官房、二〇〇五年）。

野党および公明党だけでなく、一部自民党からも、「天皇中心の国家体制を彷彿させる発言だ」といった批判が相次いだ。現在、保守運動の顔として活躍するジャーナリストの櫻井よしこは、記者会見での森の弁明を見て、産経新聞に次のような談話を寄せた。

「言葉で人を引っ張っていく首相、政治家としては失格だと思う。森首相は言葉の使い方を知らないと感じた。誤解されるであろうことを軽々に言った、森首相の思慮の浅さが目立った記者会見だった」(「産経新聞」二〇〇〇年五月二七日付朝刊)。

当時の産経新聞によれば、内閣支持率は一二・五%(五月二五日〜二八日調査実施)まで低下している。にもかかわらず、神社界は森を一貫して守った。

「神の国」発言から間もない五月二四日に始まった神社本庁評議員会では、「この発言が歪曲され、政争の具に供されていることはまことに遺憾であり、評議員会の名のもとに、森首相の発言を支持するとともに、この機会に、麗しい日本の国柄を後代に継承して行くために、我々神社界を挙げて、より一層の努力を傾注する旨の決意表明をするべきである」との緊急動議が出され、満場一致で可決されている。

神社本庁関係者によると、森を守ったこの一件が、自民党と神社本庁、神政連の関係をさらに強固なものにしたという。

二〇〇一年一月、神政連を支持母体とする参院自民党議員会長の村上正邦(神政連国会議員懇談会幹事長)と、村上の秘書だった参院議員・小山孝雄(同事務局長)の二人が、ケーエスデー中小企業経営者福祉事業団（ＫＳＤ、現・あんしん財団）をめぐる汚職事件で東京地検特捜部に逮捕された。神政連も大打撃を受ける中で、自民党の新主流派となった細田派（清和政策研究会、森喜朗がオーナー）と特に近しい関係になっていったのは自然な流れだったのだろう。

†安倍首相の、神政連との出会い

『神政連三十五年史』（二〇〇五年）には、二〇〇五年当時に神政連国会議員懇談会事務局長を務めていた安倍晋三の、神政連との出会いを綴った文章が収められている。「私が神政連の活動と正面から出会うことになったのはちょうど一〇年前、まだ議員になったばかりの頃でした。国会では『終戦五〇年決議』が問題になっており、断じて認められないと皆様は強く訴えておりました。私はまったく同感であり、志を同じくする議員とともに私たちも反対運動に立ちあがりました」とある。

終戦五〇年決議とは、自社さ連立政権が発足する際に結ばれた政策合意の一つで、村山富市首相の主導の下、「歴史を教訓に平和への決意を新たにする決議」として、一九九五年六月の衆院本会議で採択された。この動きに反発し反対運動を繰り広げていたのが、神政連と日本青年協議会だった。

安倍は衆院決議の際、本会議を欠席し、抵抗の意思表示をした。「当時の自民党には遺憾ながら護憲派・謝罪派が少なからずおりました。というより、そうした議員のほうが主流というべき状況でした。そんな中で自主憲法を目指すことこそが、自民党本来の目標ではないのか――と私たちは同僚議員に問い続けました。今日、謝罪外交に一応の歯止めがかかり、党内で新憲法をめざすタブーなき活発な議論が行われるようになっているのも、こうした問いかけが重要な契機になっている気がします」(前掲書)

二〇一七年五月三日、首相の安倍晋三が憲法九条への自衛隊明記案を発表すると、神政連は、災害救助にあたる自衛隊員の写真が掲載され、北朝鮮の脅威を地図で表したチラシ(A四判・両面カラー印刷)をすぐさま作成し、配布に乗り出した。このチラシには「自衛隊の存在を憲法に明記 賛成?反対?」という文字が踊っていた。

神政連・日本会議系の集会に参加すると、必ずと言っていいほど「千載一遇」という言葉を耳にする。安倍政権のうちに改憲を実現させなければ二度とチャンスは回ってこない――。悲壮感すら漂わせながら、登壇者たちは早期の改憲実現を訴える。

ここ数年、社頭でチラシを配って憲法改正を呼びかけたり、氏子を回って署名活動をしたりする神職の活動が報じられるようになった。ただし、神社関係者に話を聞くと、意外にも冷静なのに驚く。「初詣には自民党から共産党の支持者までやってくる。そこで、『憲法改正の署名を』なんてお願いできますか。私たちは地域共同体の氏神様を祀っているわけで、地域住民を割るようなことはできません」。複数の神職から、この手の話を聞いた。全国の神社で改憲運動は本当に盛り上がっているのだろうか。

†筋金入りの保守論客への反発

皇学館大元学長の田中卓は、皇位継承をめぐり議論が白熱した一〇年以上前に「男系でも女系でもどちらでもいい」と発言し、日本会議や神社界から猛烈な反発を受けた。教育団体「日本教師会」を創設し、日教組と闘った筋金入りの論客にもかかわらず、「左翼」「変節」と教え子からも批判された。信念は変わらず、『愛子さまが将来の天皇陛下ではいけませんか　女性皇太子の誕生』(幻冬舎新書)を二〇一三年に刊行し、再びバッシングを受けた。

「明治になって日本の歴史を決めるとき、神功皇后(応神天皇の母)なんて立派な方を、天皇から外してしまった。古い文献には、神功天皇と記載されていた。なのに、男尊女卑の中国の思想が入り込んで、歴史が抹殺されてしまった。古来、日本には女性だからダメなんて考えはない」と言い、今日の皇室のあり方について、こう訴える。

「男系男子の規定は戦後、一法律である皇室典範にあるのだから、憲法改正の必要はなく、皇室典範に『皇位は皇統に属する男系の男子がこれを継承する』とあるのを、『皇統に属する子孫』と改めればいい。これが国民の常識ですよ」

自身、平泉学派の直系を任じ、神社界についても高い見識をもつ田中。「神社本庁は本来、純粋な神職の集まりです。政治的な窓口がないと、社会で起きていることに対応できないと神政連をもった。とはいえ、政治的なことには口を出すべきではないという意見は神社界にはずっとあった。そんな経緯から神社自体まとまっていないですよ」と指摘する。

「神社は一つの教学ではない」

地域のお社《やしろ》は政治に無関心、まとまりがないという田中の指摘は、私の取材結果とあまり違わないように思う。だが、神政連の会長や幹事長の経験者が、神社本庁の総長に就くようになって二十年余り。総長の田中恆清は、改憲運動の中で期待される神社本庁の責任と役割を繰り返し語っている。おのずと、地域の神職たちは、「草の根保守」の最前線に立つよう求められる機会も増えただろう。そして神社本庁・神政連の幹部であれば、全国津々浦々までかけ声の届く、統制の行き届いた組織であってほしいと望むにちがいない。

第八章で、宇佐神宮をめぐって起きている諍いの一つとして、地元神職たちと、神社本庁から降り立った宇佐神宮宮司の対立を描いた。その取材の一環として、元神社本庁総務部長である宇佐神宮宮司に、次のような質問を書面で投げかけてみた。

「神社本庁と加盟各社の関係は、上命下服の縦組織でしょうか、『連盟的』な横組織でしょうか」。代理人弁護士から戻ってきた回答には、「各神社はそれぞれの意思決定により、神社本庁と包括関係を結んでいます。包括関係にある以上は包括団体の規律に従うことになります。よって、各神社は宗教法人法、各神社規則、神社本庁の規則・規定に従って運営されることになると考えます」とあった。

宮司側が最も強調したかったのは、「包括関係にある以上は包括団体の規律に従う」という部分だろう。ある神社関係者にこの話をすると、「謝罪文を書けとか、上から目線で地元神職と闘える理由がやっとわかった」と膝を打った。「支部あっての神社本庁なのに転倒している。神社は一つの教学ではない。だからこそ、ゆるやかな連帯の神社連盟案を葦津珍彦さんたちが訴え、神社本庁は結成されたんじゃありませんか」

あとがき

　神社本庁とは何か？　神社本庁や神社新報社の最近の刊行物に目を通すと、その成り立ちは決まって、大日本神祇会、皇典講究所、神宮奉斎会の三団体が話し合って設立されたと書かれている。しかし、それだけだろうか、戦時中の国家機関「神祇院」は戦後、どこへ消えたのか。そのことが、ずっと引っかかっていた。本書執筆のための取材中、神社関係者から「設立四団体が正しいかもしれませんね」との話を聞き、ようやく得心した。

　取材を始めた当初、今の神社本庁のあり方に否定的な人々が「神社本庁執行部は神祇院復活の夢を見ている」と話すのを聞き、かなり戸惑った。それは神社界の多数意見ではないと、今でも思っているし、そう信じたい。ただ、神祇院的な上意下達の中央集権体制を理想とする考えが一部で脈々と受け継がれているようだ、と考えるようになった。

　ある神職が「神祇院の幹部も神社本庁に合流しましたから、いろんな面で神祇院的なものを受け継いだわけです」と解説してくれたこともある。確かに、神祇院が解散した翌日に神社本庁は発足している。こうして神社本庁は、約八万もの神社を神祇院から引き継いだ。事実上の後継団体と言っていいだろう。その精神性の一部が受け継がれたと考えても、穿《うが》ちすぎではあるまい。

終戦直後に葦津珍彦らが神社連盟案を掲げて、神社教案に対抗したことはすでに述べた。神社教案作成の動きを察知した葦津らは、乃木神社に集まった。「一部人士の間に日本神社教設立の議があるが、これは神社の本質に背反する愚案である」とする「『神社教』案ニ反対ス」という文書を作成し、三団体の関係者に配って反省を求めた。

神社が神社たる所以を書いた葦津らは、この文書の最後にこう記している。「なお、最後に一言する。神社はこの危機に臨みて、職業的神職の官僚主義を一掃せねばならぬ。しかるに神社教案なるものは、この方針に逆行して、神社を現在のごとき沈滞に陥らしめたる無能・無信仰の老級、職業神職の一派をもって、宗団の中枢部を私有独占せんとするものである。神社永遠の将来のために、断じて反対せざるを得ぬ所以である」

神社本庁発足の二年後に書かれた神道誌『肇国』(一九四八年八月号、一一月号)と考え合わせれば、葦津らの批判が、戦前の国民教化の中心機関「神祇院」的な中央集権の残滓に照準を合わせていたことは明白だろう。そこでも葦津は、「神社教案は思想的・内容的には神祇院的色彩が著しく濃厚であった」と指摘している。

両案の折衷としてスタートした神社本庁が第二回評議員会で、もっぱら統理に委ねられていた旧官国幣社の宮司任免について、「神社の氏子崇敬者の推薦または同意」を基礎とし統理が任命すると改めたことを高く評価。「神社連盟的な方向への一歩前進であり、官僚的中央集権主義の清算を意味するものである。将来、統理の任命は認証程度のものになることが適当だと考えている」と述べている。

占領軍が日本を去り、やがて神社の結束がゆるむと、神社本庁の人事権は弱まるどころか、上命下服させるための「神職操縦」の切り札となった。現実には葦津が展望したような方向へと進まず、中央集権強化が一段と進んでいるように思えてならない。

ここ最近、神社界の中央では富岡八幡宮での惨殺事件、職員宿舎売却に端を発した神社本庁内のゴタゴタが起き、地方では大分・宇佐神宮における天下り宮司と地元神職の壮絶な争いが表面化。それらは属人的な問題だけではなく、神社界の構造的な問題も浮き彫りにした。エピローグで、政治団体としての解散届を出し、ステルス化（隠密化）した神道政治連盟のカネの問題にふれたが、不離一体の神社本庁もほめられたものではない。

神社本庁によると、最高議決機関「評議員会」への取材は、「神社新報」と「中外日報」「宗教新聞」にのみ許されているという。仏教大教団の宗議会や、全日本仏教会、新日本宗教団体連合会の理事会が、一般のマスコミに開放されているのとは対照的だ。「百合丘」をめぐる評議員会（二〇一七年秋）での議論が、庁報『若木』に正しく記載されていないことは、二〇一八年春の評議員会などで問題になった。後ろ暗いところがなければ、専門紙以外はお断りといった「悪しき前例」は早々に一新したほうがいい。

もう一つ。神社界で長らく続くある仕組みが、はからずも自浄を妨げているという意見を何度も聞いた。「統理さん」である。責任役員会、評議員会といった合議機関が設けられているのに、「統理さんのいる前で下世話な話はしないで——」と執行部や事務局がささやくと、評議員たちが黙り込んでしまうというのだ。

皇室を尊崇する神社界にあって「旧皇族」の威光は絶大。皇族・華族出身者が多い「統理さん」を引き合いに出されると、追及したい問題があっても、「錦の御旗に刃向かうようで、口をつぐまざるをえない」（複数の神社本庁関係者）と聞き、彼ら神職のよって立つところを再認識した思いがした。

その一方で、北白川道久前統理は二〇一八年五月の役員会で辞意を表明した際、「本庁正常化」の必要性を訴えたという。「統理さん」も神社本庁の異常事態を重くとらえているのである。あとは神職次第。御旗のありかを見紛うことのなきよう、その正常化に期待したい。

今回、神社界のさまざまな方、研究者とご縁をたまわり、ご教示いただいた。故事来歴に詳しい方が多く、今後の取材に活かされるだろうことを思うと、ありがたい限りである。

また、『ドキュメント日本会議』に続いて、稚拙な文章をわかりやすく読み解いてくださった筑摩書房の石島裕之氏に格別のお礼を申し上げる。

二〇一八年九月

藤生明

ちくま新書
1361

徹底検証《てっていけんしょう》　神社本庁《じんじゃほんちょう》
——その起源《きげん》から内紛《ないふん》、保守運動《ほしゅうんどう》まで

二〇一八年一〇月一〇日　第一刷発行

著者　藤生　明（ふじう・あきら）

発行者　喜入冬子

発行所　株式会社　筑摩書房
東京都台東区蔵前二-五-三　郵便番号一一一-八七五五
電話番号〇三-五六八七-二六〇一（代表）

装幀者　間村俊一

印刷・製本　三松堂印刷　株式会社

ISBN978-4-480-07176-7 C0295

ちくま新書

1111
平和のための戦争論
——集団的自衛権は何をもたらすのか？
植木千可子
「戦争をするか、否か」を決めるのは、私たちの責任になる。集団的自衛権の容認によって、日本と世界はどう変わるのか？　現実的な視点から徹底的に考えぬく。

1281
死刑　その哲学的考察
萱野稔人
死刑の存否をめぐり、鋭く意見が対立している。「結論ありき」でなく、死刑それ自体を深く考察することで、これまでの論争を根底から刷新する、究極の死刑論！

532
靖国問題
高橋哲哉
戦後六十年を経て、なお問題でありつづける「靖国」を、具体的な歴史の場から見直し、それが「国家」の装置としていかなる役割を担ってきたのかを明らかにする。

474
アナーキズム
——名著でたどる日本思想入門
浅羽通明
大杉栄、竹中労から松本零士、笠井潔まで十冊の名著をたどりながら、日本のアナーキズムの潮流を俯瞰する。常に若者を魅了したこの思想の現在的意味を考える。

569
無思想の発見
養老孟司
日本人はなぜ無思想なのか。それはつまり、「ゼロ」のようなものではないか。「無思想の思想」を手がかりに、日本が抱える諸問題を論じ、閉塞した現代に風穴を開ける。

623
１９６８年
絓《すが》秀実
フェミニズム、核家族化、自分さがし、地方の喪失などに刻印された現代社会は「１９６８年」によって生まれた。戦後日本の分岐点となった激しい一年の正体に迫る。

1000
生権力の思想
——事件から読み解く現代社会の転換
大澤真幸
我々の生を取り巻く不可視の権力のメカニズムとはいかなるものか。ユダヤ人虐殺やオウム、宮崎勤の犯罪など象徴的事象から、現代における知の転換を読み解く。

904 セックスメディア30年史
——欲望の革命児たち
荻上チキ
風俗、出会い系、大人のオモチャ。日本には多様なセックスが溢れている。80年代から10年代までの性産業の実態に迫り、現代日本の性と快楽の正体を解き明かす！

939 タブーの正体！
——マスコミが「あのこと」に触れない理由
川端幹人
電力会社から人気タレント、皇室タブーまで、マスコミ各社が過剰な自己規制に走ってしまうのはなぜか？『噂の眞相』元副編集長がそのメカニズムに鋭く迫る！

941 限界集落の真実
——過疎の村は消えるか？
山下祐介
「限界集落はどこも消滅寸前」は嘘である。危機を煽り立てるだけの報道や、カネによる解決に終始する政府の過疎対策の誤りを正し、真の地域再生とは何かを考える。

971 夢の原子力
——Atoms for Dream
吉見俊哉
戦後日本は、どのように原子力を受け入れたのか。核戦争の「恐怖」から成長の「希望」へと転換する軌跡を、緻密な歴史分析から、ダイナミックに抉り出す。

1020 生活保護
——知られざる恐怖の現場
今野晴貴
高まる生活保護バッシング。その現場では、いったい何が起きているのか。自殺、餓死、孤立死……。追いつめられ、命までも奪われる「恐怖の現場」の真相に迫る。

1067 男子の貞操
——僕らの性は、僕らが語る
坂爪真吾
男はそんなにエロいのか？ 初体験・オナニー・風俗・童貞など、様々な体験を交えながら、男の性の悩みを一刀両断する。学校では教えてくれない保健体育の教科書。

1091 もじれる社会
——戦後日本型循環モデルを超えて
本田由紀
もじれる＝もつれ＋こじれ。行き詰まり、悶々とした状況にある日本社会の見取図を描き直し、教育・仕事・家族の各領域が抱える問題を分析、解決策を考える。

ちくま新書

1234 デヴィッド・ボウイ ——変幻するカルト・スター 野中モモ

ジギー・スターダストの煌びやかな衝撃、『レッツ・ダンス』の世界制覇、死の直前に発表された『★』……常に変化し、世界を魅了したボウイの創造の旅をたどる。

020 ウィトゲンシュタイン入門 永井均

天才哲学者が生涯を賭けて問いつづけた「語りえないもの」とは何か。写像・文法・言語ゲームと展開する特異な思想に迫り、哲学することの妙技と魅力を伝える。

200 レヴィナス入門 熊野純彦

フッサールとハイデガーに学びながらも、ユダヤの伝統を継承し独自の哲学を展開したレヴィナス。収容所体験から紡ぎだされた強靭で繊細な思考をたどる初の入門書。

545 哲学思考トレーニング 伊勢田哲治

哲学って素人には役立たず？ 否、そこは使える知のツールの宝庫。屁理屈や権威にだまされず、筋の通った思考を自分の頭で一段ずつ積み上げてゆく技法を完全伝授！

695 哲学の誤読 ——入試現代文で哲学する！ 入不二基義

哲学の文章を、答えを安易に求めるのではなく、思考の対話を重ねるように読み解いてみよう。入試問題の哲学文を「誤読」に着目しながら精読するユニークな入門書。

740 カントの読み方 中島義道

超有名な哲学者カントは、翻訳以前にそもそも原文も難しい。カントをしつこく研究してきた著者が『純粋理性批判』を例に、初心者でも読み解ける方法を提案する。

776 ドゥルーズ入門 檜垣立哉

没後十年以上を経てますます注視されるドゥルーズ。哲学史的な文脈と思想的変遷を踏まえ、その豊かなイマージュと論理を読む。来るべき思想の羅針盤となる一冊。

901
ギリシア哲学入門
岩田靖夫
「いかに生きるべきか」という問題は一個人の幸福から「正義」への問いとなり、共同体＝国家像の検討へつながる。ギリシア哲学を通してこの根源的なテーマに迫る。

922
ミシェル・フーコー
――近代を裏から読む
重田園江
社会の隅々にまで浸透した「権力」の成り立ちを問い、常識的なものの見方に根底から揺さぶりをかけるフーコー。その思想の魅力と強靭さをとらえる革命的入門書！

967
功利主義入門
――はじめての倫理学
児玉聡
「よりよい生き方のために常識やルールをきちんと考えなおす」技術としての倫理学において「功利主義」は最有力のツールである。自分で考える人のための入門書。

1119
近代政治哲学
――自然・主権・行政
國分功一郎
今日の政治体制は、近代政治哲学が構想したものだ。ならば、その基本概念を検討することで、いまの民主主義体制が抱える欠点も把握できるはず！　渾身の書き下し。

1165
プラグマティズム入門
伊藤邦武
これからの世界を動かす思想として、いま最も注目されるプラグマティズム。アメリカにおけるその誕生から最新の研究動向まで、全貌を明らかにする入門書決定版。

1229
アレント入門
中山元
生涯、全体主義に対峙し、悪を考察した思想家ハンナ・アレント。その思索の本質を『全体主義の起原』『イェルサレムのアイヒマン』などの主著を通して解き明かす。

261
カルチュラル・スタディーズ入門
上野俊哉
毛利嘉孝
サブカルチャー、メディア、ジェンダー、エスニシティ、ポストコロニアリズムなどの研究を通してカルチュラル・スタディーズが目指すものは何か。実践的入門書。

932
ヒトラーの側近たち
大澤武男
ナチスの屋台骨である側近たち。ゲーリング、ヘス、ゲッベルス、ヒムラー……。独裁者の支配妄想を実現、ときに強化した彼らは、なぜ、どこで間違ったのか。

935
ソ連史
松戸清裕
二〇世紀に巨大な存在感を持ったソ連。「冷戦の敗者」「全体主義国家」の印象で語られがちなこの国の内実を丁寧にたどり、歴史の中での冷静な位置づけを試みる。

064
民俗学への招待
宮田登
なぜ私たちは正月に門松をたて雑煮を食べ、晴着を着るのだろうか。柳田国男、南方熊楠、折口信夫などの民俗学研究の成果を軸に、日本人の文化の深層と謎に迫る。

660
仏教と日本人
阿満利麿
日本の精神風土のもと、伝来した仏教はどのように変質し血肉化されたのか。日本人は仏教に出逢い何を学んだのか。文化の根底に流れる民族的心性を見定める試み。

1201
入門　近代仏教思想
碧海寿広
近代日本の思想は、西洋哲学と仏教の出会いの中に生まれた。井上円了、清沢満之、近角常観、暁烏敏、倉田百三らの思考を掘り起こし、その深く広い影響を解明する。

1237
天災と日本人
――地震・洪水・噴火の民俗学
畑中章宏
地震、津波、洪水、噴火……日本人は、天災を生き抜く知恵を、風習や伝承、記念碑等で受け継いできた。各地の災害の記憶をたずね、日本人と天災の関係を探る。

1326
仏教論争
――「縁起」から本質を問う
宮崎哲弥
和辻哲郎や三枝充悳など、名だたる知識人、仏教学者が繰り広げた、縁起をめぐる戦前・戦後の論争。犀利な分析を通して、その根本を浮かび上がらせた渾身作!

ちくま新書

294
デモクラシーの論じ方
――論争の政治
杉田敦
民主主義、民主的な政治とは何なのか。あまりに基本的と思える問題について、一から考え、デモクラシーにおける対立点や問題点を明らかにする、対話形式の試み。

655
政治学の名著30
佐々木毅
古代から現代まで、著者がその政治観を形成する上でたえず傍らにあった名著の数々。選ばれた30冊は混迷を深める時代にこそますます重みを持ち、輝きを放つ。

1033
平和構築入門
――その思想と方法を問いなおす
篠田英朗
平和はいかにしてつくられるものなのか。武力介入や犯罪処罰、開発援助、人命救助など、その実際的手法と背景にある思想をわかりやすく解説する、必読の入門書。

1195
「野党」論
――何のためにあるのか
吉田徹
野党は、民主主義をよりよくする上で不可欠のツールだ。そんな野党に多角的な光を当て、来るべき野党を、これからの対立軸を展望する。「賢い有権者」必読の書！

1220
日本の安全保障
加藤朗
日本の安全保障が転機を迎えている。「積極的平和主義」とは何か？　自国の安全をいかに確保すべきか？　これらの点を現実的に考え、日本が選ぶべき道を示す。

710
友だち地獄
――「空気を読む」世代のサバイバル
土井隆義
周囲から浮かないよう気を遣い、その場の空気を読もうとするケータイ世代。いじめ、ひきこもり、リストカットなどから、若い人たちのキツさと希望のありかを描く。

718
社会学の名著30
竹内洋
社会学は一見わかりやすそうで意外に手ごわい。でも良質の解説書に導かれれば知的興奮を覚えるようになる。30冊を通して社会学の面白さを伝える、魅惑の入門書。